W0365481

ESOTERISCHES
WISSEN

Von Louise L. Hay
sind erschienen in der Reihe
HEYNE ESOTERISCHES WISSEN

Gesundheit für Körper und Seele · Band 08/9542
Das Körper- und Seele-Programm · Band 08/9588
Umkehr zur Liebe, Rückkehr zum Leben · Band 08/9613
Du bist Dein Heiler! · Band 08/9905

Louise L. Hay

Das Körper- und Seele-Programm

Ein Arbeitsbuch zur mentalen Heilung

Deutsche Erstausgabe

WILHELM HEYNE VERLAG
MÜNCHEN

HEYNE ESOTERISCHES WISSEN
Herausgegeben von Michael Görden
08/9588

Aus dem Amerikanischen übertragen
von Thomas Görden

4. Auflage

Titel der Originalausgabe:
LOVE YOURSELF, HEAL YOUR LIFE – WORKBOOK
erschienen bei Hay House, Inc., Santa Monica, CA

Copyright © 1990 by Louise L. Hay
Copyright © 1991 der deutschsprachigen Ausgabe
by Wilhelm Heyne Verlag GmbH & Co. KG, München
Printed in Germany 1994
Umschlaggestaltung: Atelier Adolf Bachmann, Reischach
Umschlagillustration: Silvestris Fotostudio, Kastl/Obb.
Satz: Kort Satz GmbH, München
Druck und Bindung: RMO, München

ISBN 3-453-04955-1

WIDMUNG

Arbeitsbuch ist ein gewichtiges Wort, und viele von uns haben das Gefühl, daß harte Arbeit vonnöten ist, um alte, tief sitzende Denkmuster auszumerzen. Ich glaube nicht, daß innere Veränderung ›Arbeit‹ sein oder Schwierigkeiten und Schmerzen mit sich bringen muß. Ich glaube, daß sie ein Abenteuer sein kann.

Deshalb möchte ich dieses Buch dem Abenteurer in *Ihnen* widmen. Sie befinden sich auf einer Schatzsuche. Jedes alte, negative Muster, das Sie entdecken, ist lediglich etwas, das es genau zu betrachten und dann loszulassen gilt. Unter jedem dieser Muster liegt eine Fundgrube voll innerer Schätze.

Suchen Sie Ihr eigenes Gold. Schaffen Sie in sich eine gute Gesundheit. Füllen Sie Ihr Leben mit Liebe. Finden Sie Ihre Freiheit. Sie sind es wert. Sie verdienen es. Ich werde Ihnen dabei helfen.

Sie befinden sich auf dem Pfad zu innerer Erleuchtung. Indem Sie sich selbst befreien, helfen Sie, den Planeten zu heilen.

Teil 1

EINLEITUNG

1
GRUNDLEGENDE TECHNIKEN

»Ich bin bereit, mich zu verändern.«

Dies ist ein Buch über Veränderung. Ich weiß, Sie wollen, daß alles und jeder sich verändert. Ihre Mutter, Ihr Vater, Ihr Chef, Ihr Freund, Ihre Schwester, Ihr Geliebter bzw. Ihre Geliebte, Ihr Nachbar, Ihr Vermieter, die Regierung müssen sich verändern, damit Ihr Leben perfekt wird. Doch so geht es nicht. Wenn Sie in Ihrem Leben eine Veränderung wünschen, dann müssen Sie diese Veränderung schon selbst herbeiführen. Wenn Sie sich verändern, dann werden sich in Ihrer Welt auch alle anderen Menschen in der Beziehung zu Ihnen verändern.

Sind Sie selbst bereit, sich zu verändern?

Wenn Sie dazu bereit sind, können wir gemeinsam das Leben erschaffen, das Sie sich wünschen. Alles, was Sie dafür tun müssen, ist, ein paar Gedanken zu verändern und sich von ein paar Glaubensvorstellungen zu trennen. Klingt das einfach? Das ist es auch. Allerdings nicht immer. Wir werden einige der Dinge untersuchen, die Sie in verschiedenen Lebensbereichen glauben. Wenn Sie positive Glaubensvorstellungen haben, dann bitte ich Sie dringend, diese beizubehalten und darauf aufzubauen. Und wenn wir negative Glaubensvorstellungen entdecken, dann werde ich Ihnen dabei helfen, sich von ihnen zu trennen.

Mein Leben ist ein gutes Beispiel dafür, was geschehen kann, wenn man das eigene Denken verändert. Aus einem geschlagenen und mißhandelten Kind, das in Armut mit geringer Selbstachtung und vielen Problemen aufwuchs, entwickelte ich mich zu einer weithin bekannten Frau, die in der Lage ist, anderen zu helfen. Ich lebe nicht länger in

Schmerz und Leid. Ich habe für mich ein wundervolles Leben geschaffen. Und das können Sie auch erreichen.

Ich möchte Sie ermutigen, liebevoll zu sich selbst zu sein, wenn Sie sich an die Übungen in diesem Arbeitsbuch machen. Sich zu verändern kann schwierig sein, aber auch leicht. Erkennen Sie jede Bemühung an, die Sie unternehmen. Es ist möglich, daß es zwischen Ihrem alten und Ihrem neuen System von Glaubenssätzen eine Übergangsphase gibt, in der Sie zwischen den früheren und den neuen Denk- und Verhaltensweisen hin- und herschwanken. Lassen Sie sich davon nicht entmutigen. Gehen Sie mit sich selbst so liebevoll um wie mit einem guten Freund. Ermutigen Sie sich in jeder Weise, während Sie diese neue Erfahrung durchleben.

Wenn Sie die Übungen in diesem Buch konsequent anwenden, werden sich die Ergebnisse sehr rasch zeigen. Doch auch wenn Sie pro Monat nur eine Übung machen, wird das immer noch hilfreich sein. Tun Sie so viel, wie es Ihnen möglich ist. Durch die Übungen werden Sie neue Informationen über sich selbst erhalten. Sie werden in der Lage sein, neue Entscheidungen zu treffen. Jede neue Entscheidung, die Sie treffen, ist wie ein Samenkorn in Ihrem geistigen Garten. Der Samen wird möglicherweise eine gewisse Zeit brauchen, um zu keimen und zu wachsen. Aus einem Apfelkern wird ja schließlich auch nicht über Nacht ein neuer Baum. Ganz ähnlich werden sich auch die Resultate dieser Arbeit nicht immer sofort zeigen.

Ich rate Ihnen, dieses Arbeitsbuch abschnittsweise durchzugehen. Nehmen Sie sich nacheinander jeweils ein Segment Ihres Lebens vor. Schauen Sie sich bei jeder Übung Ihre Gefühle genau an. Lassen Sie zu, daß Gedanken und Erinnerungen in Ihnen aufsteigen. Fahren Sie dann mit den Übungen fort.

Machen Sie auch die Übungen für jene Bereiche, in denen Sie keine Probleme haben. Gestatten Sie es sich, die Vergangenheit zu erforschen und zu weinen, falls das nötig ist. Tränen sind der Fluß des Lebens und haben eine starke reinigende Wirkung.

Ich möchte jetzt noch einmal die Überzeugungen schildern, die meiner Philosophie zugrunde liegen. Möglicherweise kennen Sie sie bereits aus ›*Gesundheit für Körper und Seele*‹ (Heyne Taschenbuch 08/9542).

Woran ich glaube

Das Leben ist sehr einfach. Was wir geben, bekommen wir zurück.

Ich glaube, daß wir alle für jede Erfahrung in unserem Leben selbst verantwortlich sind, für die schönste ebenso wie für die schrecklichste. Jeder Gedanke, den wir denken, erschafft unsere Zukunft. Jeder von uns erschafft sich durch die Gedanken, die er denkt, und die Worte, die er spricht, seine Erfahrung.

Glaubenssätze sind Ideen und Gedanken, die wir als Wahrheit akzeptieren. Was wir über uns selbst und die Welt denken, wird für uns wahr. Die Glaubenssätze, für die wir uns entscheiden, können unsere Welt erweitern und bereichern. Jeder Tag kann eine aufregende, frohe, hoffnungsvolle Erfahrung sein – oder eine sorgenvolle, beschränkte und schmerzliche. Zwei Menschen, die in der gleichen Welt leben, unter den gleichen Lebensumständen, können das Leben ganz unterschiedlich erfahren. Was kann uns von einer Welt in eine andere befördern? Ich bin überzeugt, daß unsere Glaubenssätze es können. Wenn wir bereit sind, unsere bisherigen Glaubensstrukturen zu verändern, dann kann sich in unserem Leben eine wirkliche Wandlung vollziehen.

Was auch immer Sie über sich und die Welt glauben, denken Sie daran, daß es sich dabei nur um Gedanken handelt, und Gedanken lassen sich verändern. Vielleicht sind Sie mit einigen der Ideen, die ich untersuchen möchte, nicht einverstanden. Einige kommen Ihnen vielleicht fremd und furchterregend vor. Machen Sie sich deswegen keine Sorgen. Nur solche Ideen, die für Sie richtig sind, werden ein Teil von Ihnen werden. Vielleicht denken Sie, daß einige dieser Methoden zu simpel und albern sind und Ihnen nicht helfen werden. Doch ich bitte Sie lediglich, sie einmal auszuprobieren.

Unser Unterbewußtsein akzeptiert alles, an das wir glauben.

Die Universale Kraft verurteilt oder kritisiert uns niemals. Sie akzeptiert uns so, wie wir sind. Wenn Sie einen einengenden Glaubenssatz akzeptieren, wird er für Sie zur Wahrheit. Wenn Sie glauben, daß Sie zu klein, zu dick, zu dünn, zu groß, zu klug, nicht klug genug, zu reich, zu arm sind, oder sich für unfähig halten, menschliche Bindungen einzugehen, dann wird sich dies für Sie bewahrheiten.

Denken Sie daran, daß wir es hier mit Gedanken zu tun haben, und Gedanken lassen sich verändern. Wir können unser Denken völlig frei wählen, und der Kraftpunkt liegt immer im gegenwärtigen Augenblick.

Was denken Sie jetzt gerade? Ist es etwas Positives oder etwas Negatives? Wollen Sie, daß *dieser* Gedanke fortan Ihre Zukunft bestimmt?

Als wir Kinder waren, lernten wir anhand der Reaktionen der Erwachsenen in unserer Umgebung uns selbst und das Leben kennen.

Daher haben die meisten von uns Vorstellungen über das, was wir sind, die nicht wirklich zu uns gehören. Und wir haben viele Regeln darüber, wie das Leben gelebt werden sollte. Wenn Sie mit Menschen zusammengelebt haben, die unglücklich, ängstlich, voller Schuldgefühle oder Wut waren, dann haben Sie eine Menge negativer Dinge über sich und die Welt gelernt.

Wenn wir erwachsen werden, neigen wir dazu, die emotionale Umgebung unserer Kindheit zu reproduzieren.

In unseren persönlichen Beziehungen neigen wir dazu, unser Verhältnis zu Mutter und Vater zu reproduzieren. Wenn wir als Kinder ständig kritisiert wurden, dann werden wir als Erwachsene die Nähe von Menschen suchen, die sich uns gegenüber ebenso verhalten. Wenn wir als Kinder gelobt, geliebt und ermutigt wurden, werden wir dieses Verhalten später ebenfalls zeigen.

Ich will damit nicht sagen, daß Sie Ihren Eltern die Schuld geben sollen.

Sie sind genauso Opfer ihrer Erziehung wie wir der unseren, und sie konnten uns nicht etwas beibringen, was sie selbst nicht wußten. Wenn Ihre Mutter oder Ihr Vater nicht wußten, wie man sich selbst liebt, konnten sie Ihnen unmöglich beibringen, sich zu lieben. Im Rahmen des ihnen zur Verfügung stehenden Wissens taten sie ihr Bestes. Denken Sie einen Moment darüber nach, wie sie erzogen wurden. Wenn Sie Ihre Eltern besser verstehen wollen, fragen Sie sie nach ihrer Kindheit.

Hören Sie nicht nur auf das, was sie Ihnen erzählen, sondern achten Sie auch darauf, was mit ihnen geschieht, während sie sprechen. Wie sieht ihre Körpersprache aus? Können sie Ihnen in die Augen schauen? Schauen Sie ihnen in die Augen und versuchen Sie, das innere Kind Ihrer Eltern zu entdecken. Auch wenn Sie es nur für den Bruchteil einer Sekunde sehen, kann es Ihnen vielleicht wertvolle Erkenntnisse liefern.

Ich glaube, daß wir uns unsere Eltern aussuchen.

Ich glaube, daß wir uns selbst dafür entschieden haben, uns auf dieser Erde in einer bestimmten Zeit und an einem bestimmten Ort zu inkarnieren. Wir sind hergekommen, um bestimmte Lektionen zu lernen, die uns auf unserem spirituellen Entwicklungsweg voranbringen. Ich glaube, daß wir uns unser Geschlecht, unsere Hautfarbe und unser Geburtsland auswählen und uns dann für ein ganz bestimmtes Elternpaar entscheiden, das dann unsere spirituelle Arbeit in diesem Leben fördert.

Alles, womit wir es in unserem Leben zu tun haben, sind Gedanken, und Gedanken lassen sich verändern.

Um welches Problem es sich auch handeln mag, Ihre Erfahrungen sind äußere Wirkungen von inneren Gedanken. Sogar Selbsthaß ist ein Gedanke, den Sie über sich selbst hegen. Dieser Gedanke bringt ein Gefühl hervor, und Sie glauben diesem Gefühl. Doch wenn Sie den Gedanken nicht hätten, wäre auch das Gefühl nicht da. Gedanken lassen sich verändern. Ändern Sie den Gedanken, und das Gefühl verschwindet.

Die Vergangenheit hat keine Macht über uns. Es spielt keine Rolle, wie lange wir schon einem negativen Muster gefolgt sind. Wir können uns jetzt in diesem Augenblick befreien.

Ob Sie es glauben oder nicht, wir wählen uns unsere Gedanken aus.

Es kann sein, daß wir einen Gedanken gewohnheitsmäßig wieder und wieder denken und deshalb gar nicht merken, daß wir ihn einmal bewußt ausgewählt haben. Aber wir haben diese Wahl selbst getroffen. Wir können uns weigern, bestimmte Gedanken zu denken. Wie oft haben Sie sich schon geweigert, positiv über sich selbst zu denken? Sie können sich ebenso weigern, negativ über sich zu denken.

Bei allen, mit denen ich bisher gearbeitet habe, war der am tiefsten sitzende Glaubenssatz: »Ich bin nicht gut genug!«

Jeder Mensch, den ich kenne, oder mit dem ich gearbeitet habe, leidet zu einem gewissen Grad unter Selbsthaß oder Schuldgefühlen. »Ich bin nicht gut genug, ich leiste nicht genug, ich verdiene das nicht«, sind weit verbreitete Klagen. Aber für wen sind Sie nicht gut genug? Und nach welchen Maßstäben?

Ich habe festgestellt, daß Groll, Kritik, Schuldgefühle und Angst die Ursachen für die meisten Probleme in uns selbst und unserem Leben sind.

Diese Gefühle entstehen, wenn wir anderen die Schuld geben und nicht die Verantwortung für unsere eigenen Erfahrungen übernehmen. Wenn wir für alles in unserem Leben selbst verantwortlich sind, dann gibt es niemanden, dem wir die Schuld zuweisen können. Alles, was ›dort draußen‹ geschieht, ist nur ein Spiegel unseres Denkens.

Ich will damit das Fehlverhalten anderer Menschen nicht entschuldigen, aber es ist unser Glaubenssystem, das dieses Verhalten anzieht. In Ihnen ist ein Gedanke, der Menschen anzieht, die sich Ihnen gegenüber schlecht benehmen. Wenn die Leute Sie fortwährend mißbrauchen und schlecht behandeln, dann ist das Ihr Gedankenmuster. Wenn Sie den Gedanken verändern, der dieses Verhalten anzieht, wird es aufhören.

Wir können unsere Einstellung zur Vergangenheit verändern.

Sie ist vorbei und vorüber und läßt sich nicht mehr ändern. Aber wir *können* unser Denken über die Vergangenheit verändern. Wie dumm ist es doch, wenn wir uns in der Gegenwart selbst bestrafen, weil jemand uns vor langer Zeit verletzt hat.

Wenn wir uns für den Glauben entscheiden, daß wir hilflose Opfer sind und alles hoffnungslos ist, dann wird das Universum uns in diesem Glauben bestärken. Unsere schlimmsten Ansichten über uns selbst werden sich bestätigen.

Wenn wir uns für den Glauben entscheiden, daß wir für unsere Erfahrungen selbst verantwortlich sind, für die guten ebenso wie für die sogenannten schlechten, dann haben wir die Möglichkeit, über die Wirkungen der Vergangenheit hinauszuwachsen. Wir können uns verändern. Wir können frei sein.

Der Weg in die Freiheit führt durch die Tür der Vergebung.

Vielleicht wissen wir nicht, wie man vergibt, und wollen nicht vergeben; wenn wir aber *bereit* sind zu vergeben, können wir den Heilungsprozeß beginnen. Für unsere Heilung ist es unbedingt erforderlich, daß *wir* die Vergangenheit loslassen und allen Menschen vergeben.

Das heißt nicht, daß ich falsches Verhalten entschuldige. Ich möchte Sie nur ermutigen, *sich selbst* davon zu befreien. Vergeben bedeutet freizugeben, loszulassen. Wir verstehen unseren eigenen Schmerz so gut. Und doch fällt es den meisten von uns schwer, den Schmerz eines Menschen zu verstehen, der uns schlecht behandelt hat. Die Person, der wir vergeben müssen, hat ebenfalls gelitten. Sie hat lediglich widergespiegelt, was *wir* über uns selbst dachten. Sie tat ihr Bestes, entsprechend dem Wissen, dem Verständnis und der Bewußtheit, die ihr zu diesem Zeitpunkt zugänglich waren.

Wenn Menschen mit einem Problem zu mir kommen – ganz gleich welches – schlechte Gesundheit, Geldmangel, unbefriedigende menschliche Beziehungen oder unterdrückte Kreativität –, dann gibt es stets nur eine Sache, an der ich mit ihnen arbeite, und das ist *Selbstliebe.*

Wenn wir uns wirklich ganz so, wie wir sind, lieben und annehmen, dann fließt alles im Leben frei. Selbst-Achtung und Selbst-Annahme hier und jetzt sind die Schlüssel zu positiven Veränderungen in allen Bereichen unseres Lebens.

Sich selbst zu lieben, heißt für mich, sich selbst nie wegen irgend etwas zu kritisieren.

Kritik fesselt uns an das Muster, das wir zu ändern versuchen.

Versuchen Sie, sich selbst zu achten, und beobachten Sie, was dann geschieht. Kritisiert haben Sie sich bisher jahrelang. Hat das etwa funktioniert?

Begriffserläuterungen

Affirmationen

Wir werden in diesem Buch immer wieder mit Affirmationen arbeiten. Affirmationen sind Aussagen, die wir in unseren Gedanken treffen – positive oder negative. Viel zu oft denken wir in negativen Affirmationen. Negative Affirmationen erzeugen stets mehr von dem, was wir eigentlich nicht wollen. Zu sagen, »ich hasse dieses alte Auto«, führt uns nirgendwohin. Zu erklären, »ich segne mein altes Auto und gebe es in Liebe frei, ich akzeptiere und verdiene jetzt ein schönes, neues Auto«, wird die Kanäle in unserem Bewußtsein öffnen, die eine solche Wirklichkeit erschaffen helfen.

Treffen Sie positive Aussagen darüber, wie Sie sich Ihr Leben wünschen. Ein wichtiger Punkt dabei ist: *Machen Sie diese Aussagen stets in der GEGENWART.* Sagen Sie: »Ich bin« oder »ich habe«. Ihr Unterbewußtsein ist Ihr gehorsamer Diener. Wenn Sie in der Zukunftsform sprechen (»ich will« oder »ich werde haben«), dann werden Ihre Wünsche auch immer dort bleiben – in der Zukunft, außerhalb Ihrer Reichweite.

Dr. Bernie Siegel, der Autor des Bestsellers *Love, Medicine & Miracles,* sagt, daß »Affirmationen kein Leugnen der Gegenwart, sondern eine Hoffnung für die Zukunft sind. Während Sie ihnen erlauben, Ihr Bewußtsein zu durchdringen, werden sie immer glaubhafter, bis sie schließlich für Sie Wirklichkeit werden können.«

Spiegelarbeit

Spiegelarbeit ist ein anderes wertvolles Instrument. Spiegel reflektieren die Gefühle, die wir für uns selbst haben. Sie zeigen uns deutlich die Bereiche, die wir verändern müssen, wenn wir uns ein frohes, erfülltes Leben wünschen.

Ich rate den Menschen, sich selbst in die Augen zu blicken und etwas Positives über sich zu sagen, jedesmal wenn sie an einem Spiegel vorbeigehen. Affirmationen sind am wirkungsvollsten, wenn man in den Spiegel schaut und sie dabei laut ausspricht. Sie werden sich dabei des inneren Widerstandes sofort bewußt und können ihn rascher überwinden.

Halten Sie einen Handspiegel bereit, während Sie dieses Buch lesen. Für einige der tiefergehenden Übungen sollten Sie einen größeren Spiegel benutzen.

Visualisierungen

Bei einer Visualisierung benutzt man die Vorstellungskraft, um ein gewünschtes Ziel zu erreichen. Einfach ausgedrückt, man sieht, was man sich wünscht, bevor es tatsächlich geschieht.

Wenn Sie sich beispielsweise ein neues Zuhause wünschen, sollten Sie sich das gewünschte Haus oder die Wohnung bildlich vorstellen, und zwar möglichst in allen Einzelheiten. Sehen Sie es so vor sich, als ob es bereits Wirklichkeit wäre. Bejahen Sie, daß Sie dieses Zuhause verdienen. Stellen Sie sich vor, wie Sie in Ihrem neuen Heim Ihrer täglichen Arbeit nachgehen. Stellen Sie sich das alles so klar wie möglich vor, in dem Bewußtsein, daß es keine falsche Art zu visualisieren gibt. Praktizieren Sie Ihre Visualisierung häufig, überlassen Sie es dem Universalen Geist, die Resultate hervorzubringen, und bitten Sie um Ihr höchstes Gutes. In Verbindung mit positiven Affirmationen ist die Visualisierung eine höchst wirksame Methode.

Selbstwertgefühl

Manchmal unternehmen wir keinerlei Anstrengung, für uns selbst ein gutes Leben zu erschaffen, weil wir glauben, daß wir das nicht wert sind, daß wir es nicht verdienen. Der Glaube, daß wir etwas nicht verdienen, kann aus Erfahrungen in der frühen Kindheit herrühren. Vielleicht sagte man uns, daß wir nicht bekommen konnten, was wir uns wünschten, wenn wir nicht unseren Teller leeraßen, unser Zimmer saubermachten oder unsere Spielsachen wegräumten. Wir übernahmen also die Ansichten einer anderen Person, die nichts mit unserer eigenen Wirklichkeit zu tun hatten.

Daß es uns gutgeht, hat nichts damit zu tun, ob wir es verdienen. Unsere fehlende Bereitschaft, das Gute anzunehmen, ist es, die uns im Weg steht. Gestatten Sie sich, das Gute anzunehmen, ganz gleich, ob Sie denken, daß Sie es verdienen, oder nicht.

Übung:

Selbstwertgefühl

Beantworten Sie die folgenden Fragen, so gut es geht. Sie werden Ihnen dabei helfen, die Bedeutung des Selbstwertgefühls zu verstehen.

1. Zählen Sie auf, was Sie sich wünschen, aber gegenwärtig nicht haben.

Drücken Sie sich dabei klar und genau aus.

____

____

____

____

____

2. Welche Vorschriften/Regeln gab es bei Ihnen zu Hause bezüglich des Selbstwertgefühls?

Was wurde Ihnen gesagt? »Das bist du nicht wert.« Oder: »Dafür verdienst du eine saftige Ohrfeige.« Hatten Ihre Eltern ein gutes Selbstwertgefühl? Mußten Sie sich etwas Gutes immer erst verdienen? Gelang Ihnen das? Wurden Ihnen Dinge weggenommen, wenn Sie etwas falschgemacht hatten?

3. Glauben Sie, daß Sie es wert sind, daß Ihnen Gutes widerfährt?

Welches Bild steigt dabei in Ihnen auf? »Später, wenn ich es mir verdient habe?« »Ich muß erst dafür arbeiten?« Sind Sie gut genug? Werden Sie jemals gut genug sein?

4. Verdienen Sie es, zu leben?

Warum? Warum nicht? Hat man Ihnen schon einmal gesagt: »Du verdienst es, zu sterben?« Wenn ja, war das Teil Ihrer religiösen Erziehung?

5. Wozu leben Sie?

Was ist Ihr Lebensziel? Welchen Sinn sehen Sie in Ihrem Leben?

6. Was verdienen Sie?

»Ich verdiene Liebe und Freude und alles Gute.« Oder fühlen Sie tief innen, daß Sie nichts verdienen? Warum? Woher kommt diese Botschaft? Sind Sie bereit, sie loszulassen? Was möchten Sie an ihre Stelle setzen? Denken Sie daran, es handelt sich um Gedanken, und Gedanken lassen sich verändern.

Wie Sie sehen, beeinflußt unser Selbstwertgefühl unsere persönliche Kraft. Probieren Sie die folgende Behandlung aus. Solche Behandlungen sind positive Aussagen, die in jeder erdenklichen Situation getroffen werden können, um neue Denkmuster zu schaffen und alte aufzulösen.

Selbstwert-Behandlung

»Ich bin wertvoll. Ich verdiene alles Gute. Nicht etwas, nicht ein kleines bißchen, sondern alles Gute. Ich löse mich jetzt von allen negativen, einschränkenden Gedanken. Ich lasse die Begrenzung durch meine Eltern los. Ich liebe sie, und ich gehe meinen eigenen Weg. Ich bin nicht ihre negativen Meinungen und einschränkenden Vorstellungen. Ich bin nicht an die Ängste und Vorurteile der Gesellschaft gebunden, in der ich lebe. Ich identifiziere mich nicht länger mit Einschränkungen irgendwelcher Art.

In meinem Geist habe ich völlige Freiheit. Ich bewege mich jetzt in einen neuen Raum des Bewußtseins, wo ich bereit bin, mich selbst anders zu sehen. Ich bin bereit, neue Gedanken über mich und mein Leben zu erschaffen. Mein neues Denken wird zu neuen Erfahrungen.

Ich weiß jetzt und bejahe, daß ich eins mit der Universalen Kraft bin, die alles gedeihen läßt. Daher gedeihe ich jetzt auf vielfältige Weise. Die Gesamtheit der Möglichkeiten liegt vor mir. Ich verdiene zu leben, ein gutes Leben. Ich verdiene Liebe, Liebe in ihrer ganzen Fülle. Ich verdiene gute Gesundheit. Ich verdiene Freude und Glück. Ich verdiene die Freiheit, alles zu sein, was ich sein kann. Ich verdiene mehr als das. Ich verdiene alles Gute.

Das Universum ist mehr als bereit, meine neuen Glaubenssätze zu manifestieren. Und ich nehme dieses Leben in Fülle mit Freude, Vergnügen und Dankbarkeit an. Denn ich bin wertvoll. Ich akzeptiere das; ich weiß, daß es wahr ist.«

2

WER SIND SIE?
WAS GLAUBEN SIE?

»Ich betrachte mich mit den Augen der Liebe,
und ich bin geborgen.«

In diesem Abschnitt wollen wir uns mit uns selbst und unseren Glaubenssätzen befassen. Wir alle glauben viele positive Dinge. Dabei sollten wir bleiben. Doch viele unserer Glaubenssätze sind auch negativ und tragen zu negativen Erfahrungen bei. Solche einschränkenden Glaubenssätze können wir erst ändern, wenn wir sie kennen. Sehen Sie sich diese Liste von Wörtern an. Schreiben Sie auf, was Ihnen diese Wörter bedeuten. Glauben Sie zum Beispiel das folgende?

MÄNNER…

Männer sind stark.
Männer sind herrschsüchtig.
Männer sind klug.

FRAUEN…

Frauen werden schlechter bezahlt.
Frauen sind für die Hausarbeit zuständig.
Frauen sind weich und zärtlich.

LIEBE…

Liebe taugt nichts.
Ich liebe es, geliebt zu werden.
Liebe bedeutet Verlust und Kummer.

SEX…

Sex macht Spaß.
Sex ist nur in der Ehe erlaubt.
Sex ist schmerzhaft.

ARBEIT…

Arbeit ist langweilig.
Chefs sind gemein.
Andere Leute haben gute Jobs.

GELD…

Davon kann man nie genug haben.
Ich fürchte mich vor Geld.
Geld ist zum Ausgeben da.

ERFOLG…

Erfolg ist für mich unerreichbar.
Nur die Reichen sind erfolgreich.
Ich kann in kleinen Dingen Erfolg haben.

VERSAGEN…

Wenn ich einen Fehler mache, bin ich ein Versager.
Versagen bedeutet, etwas falsch zu machen.
Aus Versagen kann man lernen.

GOTT…

Gott liebt mich.
Ich bin eins mit Gott.
Ich fürchte mich vor Gott.

Jetzt sind Sie an der Reihe. Denken Sie an alles, was diese Worte für Sie bedeuten. Ihre Liste kann beliebig lang sein.

Männer…

Frauen…

Liebe…

Sex…

Arbeit...

Geld...

Erfolg…

Versagen…

Gott...

____

____

____

____

____

____

____

____

Konzentrieren Sie sich jetzt besonders auf die Bereiche, bei denen Ihnen die Aussagen Schwierigkeiten machen. Haben Sie einander widersprechende Glaubenssätze? Wie viele Ihrer Antworten sind negativ? Machen Sie ein Kreuz neben diese Antworten. Möchten Sie wirklich weiterhin Ihr Leben auf diese Überzeugungen aufbauen? Seien Sie sich bewußt, daß jemand Ihnen diese Vorstellungen beigebracht hat. Jetzt, wo Sie sie sich bewußt gemacht haben, können Sie sich dafür entscheiden, Sie loszulassen, d. h. sich von ihnen zu verabschieden.

Übung:

Ihre Geschichte

Das könnte jetzt der richtige Augenblick sein, eine kurze Geschichte über Ihr Leben zu schreiben. Beginnen Sie mit Ihrer Kindheit. Nehmen Sie zusätzlich Schreibpapier, falls nötig.

____

____

____

____

Welche negativen Glaubenssätze könnten noch in Ihrem Unterbewußtsein herumspuken? Erlauben Sie es ihnen, an die Oberfläche zu steigen. Möglicherweise sind Sie überrascht, was Sie dabei alles entdecken. Wie viele negative Botschaften haben Sie bemerkt, als Sie Ihre Geschichte aufschrieben? Jeder negative Glaubenssatz, der ans Licht kommt, ist ein Schatz. »Ah ha! Ich habe dich gefunden. Du bist es also, der mir diesen ganzen Ärger eingebrockt hat. Jetzt kann ich dich beseitigen.«

Andere negative Glaubenssätze:

____

____

____

____

Bei dieser Gelegenheit können Sie einmal Ihren Handspiegel nehmen, sich in die Augen blicken und Ihre ›Bereitschaft‹ bejahen, alle diese alten negativen Botschaften und Glaubenssätze loszulassen. Atmen Sie dabei tief durch und sagen Sie, wenn möglich, laut: *»Ich bin bereit, alle alten negativen Auffassungen und Glaubenssätze, die mich nicht länger nähren, loszulassen.«* Wiederholen Sie das mehrfach.

Das innere Kind

Viele von uns tragen in ihrer Psyche ein inneres Kind mit sich herum, das verloren und einsam ist und sich sehr zurückgewiesen fühlt. Möglicherweise bestand unsere einzige Verbindung mit unserem inneren Kind für lange Zeit darin, daß wir es gescholten und kritisiert haben. Und dann wundern wir uns, daß wir unglücklich sind. Wir können nicht einen Teil von uns ablehnen und trotzdem innerlich in Harmonie sein. Ein Teil der Heilung besteht darin, daß wir alle Teile unseres Selbst zusammenführen, damit wir ganz und vollständig sind. Arbeiten wir jetzt einmal etwas daran, diese abgelehnten Persönlichkeitsteile wieder einzugliedern.

Ein Foto finden

Suchen Sie ein Foto aus Ihrer Kindheit. Wenn Sie selbst keines besitzen, bitten Sie Ihre Eltern, Ihnen eines zu schicken. Betrachten Sie dieses Bild aufmerksam. Was sehen Sie? Es kann Freude sein, Schmerz, Sorge, Wut oder Furcht. Lieben Sie dieses Kind? Haben Sie einen Bezug zu ihm? Ich nahm ein kleines Foto von mir im Alter von fünf Jahren und ließ es auf 36 × 45 vergrößern, damit ich mein kleines Mädchen auch wirklich sehen konnte.

Schreiben Sie ein paar Worte über Ihr inneres Kind.

____

____

____

____

____

____

Zeichnen Sie ein Bild

Nehmen Sie mehrere Zeichenkreiden, Filzstifte oder Buntstifte. Sie können die Seite hier im Buch oder ein eigenes, größeres Blatt verwenden. Benutzen Sie Ihre nicht-dominante Hand (die Hand, mit der Sie nicht schreiben) und zeichnen Sie ein Bild von sich als Kind.

Was verrät Ihnen dieses Bild? Welche Farben haben Sie benutzt? Womit ist das Kind auf dem Bild gerade beschäftigt? Beschreiben Sie Ihr Bild.

Sprechen Sie mit Ihrem inneren Kind

Nehmen Sie sich jetzt etwas Zeit, um mit Ihrem inneren Kind zu sprechen. Stellen Sie ihm Fragen.

1. Was magst du gerne?

2. Was magst du nicht?

3. Wovor fürchtest du dich?

4. Wie fühlst du dich?

5. Was brauchst du?

6. Was kann ich tun, damit du dich sicher fühlst?

7. Wie kann ich dich glücklich machen?

Führen Sie ein intensives Gespräch mit Ihrem inneren Kind. Seien Sie für dieses Kind da. Umarmen Sie es und lieben Sie es, und gehen Sie so gut wie möglich auf seine Bedürfnisse ein. Zeigen Sie ihm, daß Sie immer für es da sind, was auch geschieht. Sie können damit beginnen, eine glückliche Kindheit zu erschaffen. Diese Übung funktioniert am besten, wenn Sie dabei die Augen schließen.

Kraftpunkte

»Ich glaube an meine Kraft, mich zu verändern.«

Dieser kleine Abschnitt ist vielleicht der wichtigste des Buches. Nehmen Sie immer wieder auf ihn Bezug, wenn Sie die verschiedenen Bereiche Ihres Lebens erforschen. Fertigen Sie mehrere Listen dieser sieben Punkte an. Bringen Sie diese Listen an Stellen an, wo Sie sie sehen können. Lesen Sie sie oft. Prägen Sie sie sich ein. Wenn diese Ideen Teil Ihres Glaubenssystems werden, werden Sie eine neue Lebensperspektive gewinnen.

1. Wir alle sind für unsere Erfahrungen selbst verantwortlich.
2. Jeder Gedanke, den wir denken, erschafft unsere Zukunft.
3. Uns allen machen die schädlichen Muster von Groll, Kritik, Schuldgefühlen und Selbsthaß zu schaffen.
4. Das sind nur Gedanken, und Gedanken lassen sich ändern.
5. Es ist notwendig, daß wir die Vergangenheit loslassen und allen Menschen vergeben.
6. Selbst-Achtung und Selbst-Annahme im ›Jetzt‹ sind die Schlüssel zu positiver Veränderung.
7. Der Kraftpunkt liegt immer im gegenwärtigen Augenblick.

Während Sie sich mit den Übungen dieses Buches befassen, sollten Sie immer auf diese sieben Punkte zurückkommen. Beschäftigen Sie sich nicht nur mit Ihren speziellen Problemen. Wenn Sie diese Ideen wirklich akzeptieren und in Ihr Glaubenssystem integrieren, werden Sie dadurch stark, und die Probleme lösen sich oft von allein. Es kommt darauf an, daß Sie Ihren Glauben über sich und die Welt, in der Sie leben, verändern.

Nicht die Menschen, Orte und Dinge sind es, die Ihnen Probleme bereiten, sondern die Art und Weise, wie Sie diese Lebenserfahrungen wahrnehmen und auf sie reagieren. Übernehmen Sie die Verantwortung für Ihr Leben. Geben Sie Ihre Macht nicht an andere Menschen oder äußere Umstände ab. Lernen Sie, Ihr inneres, spirituelles Selbst besser zu verstehen, und leben Sie aus jener Kraft heraus, die nur Gutes für Sie bewirkt hat.

»Ich gebe mir die Erlaubnis zu lernen.«

Teil 2

DER LERNPROZESS

3
GESUNDHEIT

»Ich stelle die völlige Gesundheit meines Körpers wieder her und erhalte sie.«

Gesundheits-Checkliste

- ☐ Ich bekomme drei Erkältungen im Jahr.
- ☐ Mein Energie-Niveau ist niedrig.
- ☐ Wunden und Krankheiten heilen bei mir nur langsam.
- ☐ Meine Allergien machen sich ständig bemerkbar.
- ☐ Herzerkrankungen sind in meiner Familie häufig.
- ☐ Ich bekomme eine Krankheit nach der anderen.
- ☐ Ich habe ständig Rückenschmerzen.
- ☐ Diese Kopfschmerzen wollen einfach nicht besser werden.
- ☐ Ich habe ständig Verstopfung.
- ☐ Meine Füße tun weh.
- ☐ Ich ziehe mir andauernd irgendwelche Verletzungen zu.

Wieviel davon klingt ganz nach Ihnen? Werfen wir einen Blick auf unsere Glaubenssätze über Gesundheit.

Ich glaube, daß wir zu jeder ›Krankheit‹ unseres Körpers beitragen. Der Körper ist, wie alles andere im Leben, ein Spiegel unserer Gedanken und Glaubenssätze. Unser Körper spricht ständig zu uns, wenn wir uns nur die Zeit nehmen, ihm zuzuhören. Jede Zelle in unserem Körper reagiert auf jeden einzelnen Gedanken, den wir denken.

Wenn wir das geistige Muster hinter einer Krankheit herausfinden, haben wir eine Möglichkeit, dieses Muster, und damit auch das körperliche Un-wohl-sein zu beeinflussen. Bewußt wollen die meisten Menschen natürlich nicht krank sein, und doch ist jede Krankheit, jedes Un-wohl-sein, ein Lehrer. Mit der Krankheit will unser Körper uns sagen, daß es in unserem Bewußtsein eine falsche Idee gibt. Etwas, das wir glauben, sagen, tun oder denken, dient nicht unserem höchsten Guten. Ich stelle mir das immer so vor, daß der Körper uns rüttelt und sagt: »Bitte – paß auf!«

Manchmal *wollen* Menschen krank sein. In unserer Gesellschaft haben wir Krankheit zu einem legitimen Weg gemacht, um einer Verantwortung oder einer unangenehmen Situation auszuweichen. Wenn wir nicht lernen, ›nein‹ zu sagen, dann erfinden wir statt dessen vielleicht eine Krankheit, die das Neinsagen für uns übernimmt.

Vor ein paar Jahren las ich einen interessanten Artikel, in dem es hieß, daß nur 30 Prozent der Patienten sich an die Anweisungen ihres Arztes halten. Laut Dr. John Harrison, dem Autor des faszinierenden Buches *Love Your Disease,* gehen viele Menschen nur zum Arzt, um ihre akuten Symptome lindern zu lassen, damit sie ihre Krankheit ertragen können. Zwischen Arzt und Patient scheint eine geheime, unbewußte Übereinkunft zu existieren: Der Arzt willigt ein, den Patienten nicht zu heilen, wenn dieser vorgibt, etwas gegen sein Leiden zu tun. Außerdem gehört es zu dieser Übereinkunft, daß die eine Partei zahlt und die andere zu einer Autoritätsperson wird, so daß beide Parteien zufrieden sind.

Wahre Heilung schließt Körper, Seele und Geist ein. Wenn wir eine Krankheit ›kurieren‹, ohne die emotionalen und spirituellen Probleme zu beachten, die mit dieser Krankheit verknüpft sind, dann wird sie sich meines Erachtens bald erneut einstellen.

Übung:

Gesundheitsprobleme loslassen

Sind Sie bereit, das Bedürfnis zu erlösen, das zu Ihren Gesundheitsproblemen beigetragen hat? Auch hier gilt wieder, daß wir, wenn wir einen Zustand zu ändern wünschen, dies zuerst einmal sagen müssen. Sagen Sie: »*Ich bin bereit, das Bedürfnis in mir zu erlösen, das diesen Zustand hervorgerufen hat.*« Wiederholen Sie das. Sagen Sie es, während Sie in einen Spiegel schauen. Sagen Sie es jedesmal, wenn Sie über Ihren Zustand nachdenken. Das ist der erste Schritt, um eine Veränderung zu bewirken.

1. Listen Sie alle Krankheiten Ihrer Mutter auf.

____

____

____

____

2. Listen Sie alle Krankheiten Ihres Vaters auf.

____

____

____

____

3. Listen Sie alle Ihre Krankheiten auf.

____

____

____

____

____

4. Sehen Sie einen Zusammenhang?

____

____

____

____

____

Übung:

Gesundheit und Krankheit

Betrachten wir einmal einige Ihrer Glaubenssätze über Gesundheit und Krankheit. Beantworten Sie die folgenden Fragen. Seien Sie dabei so offen und ehrlich wie möglich.

1. An welche Ihrer Kinderkrankheiten können Sie sich noch erinnern?

2. Was haben Sie von Ihren Eltern über Krankheit gelernt?

3. Was hat Ihnen, wenn überhaupt, als Kind daran gefallen, krank zu sein?

4. Gibt es einen Glaubenssatz aus Ihrer Kindheit über Krankheit, nach dem Sie sich heute noch richten?

5. Wie haben Sie zu Ihrem Gesundheitszustand beigetragen?

6. Möchten Sie, daß sich Ihr Zustand verändert?
Wenn ja, in welcher Weise?

Übung:

Ihre Glaubenssätze über Krankheit

Vervollständigen Sie die folgenden Aussagen, so ehrlich es Ihnen möglich ist.

1. Ich mache mich selbst krank, indem ich…

____

____

____

____

____

2. Ich werde krank, wenn ich versuche, folgendes zu vermeiden:

____

____

____

____

____

3. Wenn ich krank werde, will ich immer…

4. Wenn ich als Kind krank war, hat meine Mutter immer…

5. Wenn ich krank bin, ist meine größte Angst…

Übung:

Die Wirksamkeit von Affirmationen

Entdecken wir gemeinsam die Wirksamkeit von geschriebenen Affirmationen! Eine Affirmation zu schreiben kann ihre Wirksamkeit steigern. Schreiben Sie in die nachstehenden Leerzeilen fünfundzwanzig Mal eine positive Affirmation bezüglich Ihrer Gesundheit. Sie können sich selbst eine ausdenken oder eine der folgenden benutzen:

1. Meine Heilung ist bereits im Gang.
2. Ich höre mit Liebe auf die Botschaften meines Körpers.
3. Meine Gesundheit ist jetzt blühend, strahlend und dynamisch.
4. Ich bin dankbar für meine vollkommene Gesundheit.
5. Ich verdiene gute Gesundheit.

1. ______________________________

2. ______________________________

3. ______________________________

4. ______________________________

5. ______________________________

6. ______________________________

7. ______________________________

8. ______________________________

9. ______________________________

10. ______________________________

11. ______________________________

12. ______________________________

13. ______________________________

14. ______________________________

15. ______________________________

16. ______________________________

17. ______________________________

18. ______________________________

19. ______________________________

20. ______________________________

21. ______________________________

22. ______________________________

23. ______________________________

24. ______________________________

25. ______________________________

Übung:

Selbst-Wert

Betrachten wir jetzt einmal das Problem des Selbst-Wertes. Beantworten Sie die folgenden Fragen, und denken Sie sich zu jeder eine positive Affirmation aus.

1. Verdiene ich gute Gesundheit?

Beispiel:

Nein. In meiner Familie sind alle oft krank.

Ihr Beispiel:

____

____

____

____

____

Affirmations-Beispiel:

Ich akzeptiere und verdiene jetzt vollkommene Gesundheit.

Ihre Affirmation:

____

____

____

____

____

2. Wovor habe ich auf meine Gesundheit bezogen am meisten Angst?

Beispiel:

Ich habe Angst davor, daß ich krank werde.

Ihr Beispiel:

Affirmations-Beispiel:

Ich fühle mich jetzt sicher und gut. Ich werde stets geliebt.

Ihre Affirmation:

3. Was ›habe‹ ich von diesem Glaubenssatz?

Beispiel:

Ich brauche keine Verantwortung zu übernehmen.

Ihr Beispiel:

Affirmations-Beispiel:

Ich bin sicher und voller Vertrauen. Das Leben ist leicht für mich.

Ihre Affirmation:

4. Was könnte geschehen, wenn ich diesen Glaubenssatz aufgebe?

Beispiel:

Ich müßte erwachsen werden.

Ihr Beispiel:

____

____

____

____

____

Affirmations-Beispiel:

Erwachsensein bedeutet Sicherheit.

Ihre Affirmation:

____

____

____

____

____

Wenn Sie glauben:	**Benutzen Sie die Affirmation:**
Ich bekomme drei Erkältungen im Jahr.	*Ich bin immer geborgen und sicher. Liebe umgibt und schützt mich.*
Mein Energie-Niveau ist niedrig.	*Energie und Enthusiasmus erfüllen mich.*
Wunden und Krankheiten heilen bei mir nur langsam.	*Mein Körper wird rasch wieder gesund.*
Meine Allergien machen sich ständig bemerkbar.	*Die Welt ist sicher. Ich bin sicher. Ich bin in Frieden mit dem Leben.*
Herzerkrankungen sind in meiner Familie häufig.	*Ich bin heil und gesund.*
Ich bekomme eine Krankheit nach der anderen.	*Gute Gesundheit ist jetzt mein. Ich lasse die Vergangenheit los.*
Ich habe ständig Rückenschmerzen.	*Das Leben liebt und trägt mich. Ich bin geborgen.*
Diese Kopfschmerzen wollen einfach nicht besser werden.	*In meinem Bewußtsein herrscht Frieden und alles ist gut.*
Ich habe ständig Verstopfung.	*Ich lasse das Leben frei durch mich fließen.*
Meine Füße tun weh.	*Ich bin bereit, mit Leichtigkeit voranzuschreiten.*
Ich ziehe mir andauernd irgendwelche Verletzungen zu.	*Ich gehe sanft mit meinem Körper um. Ich liebe mich.*

»Ich gebe mir die Erlaubnis, gesund zu sein.«

Schauen Sie sich noch einmal die Gesundheits-Checkliste auf Seite 41 an und lesen Sie dann die Affirmationen zu dem jeweiligen Glaubenssatz. Machen Sie diese Affirmationen zu einem festen Teil Ihres Tagesablaufes. Wiederholen Sie sie oft im Auto, bei der Arbeit, vor dem Spiegel, oder wann immer Ihre negativen Glaubenssätze in Ihr Bewußtsein dringen.

Kraftpunkte

1. Wir alle sind für unsere Erfahrungen selbst verantwortlich.
2. Jeder Gedanke, den wir denken, erschafft unsere Zukunft.
3. Uns allen machen schädliche Muster von Groll, Kritik, Schuldgefühlen und Selbsthaß zu schaffen.
4. Das sind nur Gedanken, und Gedanken lassen sich ändern.
5. Es ist notwendig, daß wir die Vergangenheit loslassen und allen Menschen vergeben.
6. Selbst-Achtung und Selbst-Annahme im ›Jetzt‹ sind die Schlüssel zu positiver Veränderung.
7. Der Kraftpunkt liegt immer im gegenwärtigen Augenblick.

4
SICH GUT FÜHLEN

»Es ist mein göttliches Recht,
daß es mir gutgeht.«

Wohlfühl-Checkliste

- ☐ Ich bin ständig besorgt.
- ☐ Ich habe Angst vor Menschen.
- ☐ Ich bin sehr einsam.
- ☐ Es fällt mir schwer, meine Gefühle auszudrücken.
- ☐ Ich habe ein unbeherrschtes Temperament.
- ☐ Ich kann mich auf nichts konzentrieren.
- ☐ Alle sind gegen mich.
- ☐ Ich kann mich nicht durchsetzen.
- ☐ Ich fühle mich wie ein Versager.
- ☐ Am liebsten würde ich mich vor aller Welt verkriechen.

Können Sie sich mit irgendeinem dieser Gefühle identifizieren? Dann sollten Sie etwas für Ihr emotionales Wohlbefinden tun.

Emotionale Probleme gehören zu den schmerzhaftesten. Jeder von uns fühlt sich hin und wieder einmal wütend, traurig, einsam, schuldig, besorgt oder ängstlich. Wenn diese Gefühle jedoch ständig die Vorherrschaft übernehmen, kann unser Leben sich in ein emotionales Schlachtfeld verwandeln.

Es kommt darauf an, wie wir mit unseren Gefühlen umgehen. Werden wir ihnen freien Lauf lassen? Werden wir andere bestrafen oder ihnen unseren Willen aufzwingen? Werden wir uns selbst auf irgendeine Weise mißbrauchen?

Oft liegt solchen Problemen der Glaube zugrunde, daß wir *nicht gut genug* sind. Gute geistige Gesundheit beginnt damit, das eigene Selbst zu lieben. Wenn wir uns selbst *vollständig* lieben und annehmen, unsere guten Seiten ebenso wie unsere sogenannten schlechten Seiten, können wir beginnen, uns zu ändern.

Zum Teil besteht Selbst-Annahme darin, die Meinungen anderer Leute loszulassen. Viele Dinge, die wir von uns selbst glauben, haben nicht das geringste mit der Wahrheit zu tun.

Vor Jahren, als ich noch private Sitzungen abhielt, gehörte beispielsweise ein junger Mann namens Eric zu meinen Klienten. Er sah umwerfend gut aus und verdiente viel Geld als Model. Er erzählte mir, wie schwer es ihm fiel, ins Fitneß-Center zu gehen, weil er sich häßlich fühlte.

Als wir gemeinsam an dem Problem arbeiteten, fanden wir heraus, daß ein Nachbarsjunge ihn als Kind ›häßlich‹ genannt hatte. Dieser Junge verprügelte ihn und bedrohte ihn immer wieder. Um in Ruhe gelassen zu werden und sich in Sicherheit zu fühlen, versteckte Eric sich. Er hielt sich für nicht gut genug. Er empfand sich als häßlich.

Durch Spiegelarbeit, Selbst-Liebe und positive Affirmationen hat Eric große Fortschritte gemacht. Seine Angstgefühle treten immer noch gelegentlich auf, aber er weiß jetzt, wie er daran arbeiten kann.

Denken Sie daran, Minderwertigkeitsgefühle entstehen, wenn wir negative Gedanken über uns selbst hegen. Doch diese Gedanken haben keine Macht über uns, solange *wir* uns nicht nach ihnen richten. Gedanken sind nur aneinandergereihte Wörter. Sie haben *über-*

haupt keine Bedeutung. Wir verleihen ihnen Bedeutung. Wir verleihen ihnen Bedeutung, indem wir uns immer wieder auf die negativen Botschaften konzentrieren. Wir glauben von uns selbst das Schlimmste. Und *wir* entscheiden, welche Bedeutung wir unseren Gedanken beimessen.

Wie groß unsere Schmerzen auch gegenwärtig sein mögen, wir sollten uns für Gedanken entscheiden, die uns nähren und fördern.

Spiegelarbeit

Glauben Sie, daß Sie in Ihrem Gefühlsleben Frieden und Gelassenheit verdienen? Wenn Sie das nicht glauben, werden Sie sich einen solchen Zustand nicht gestatten. Schauen Sie wieder in den Spiegel und sagen Sie: »Ich verdiene inneren Frieden, und ich nehme ihn jetzt an.« Wiederholen Sie das ein paarmal.

1. Welche Gefühle steigen dabei in Ihnen auf?

____

____

____

____

____

2. Wie fühlen Sie sich dabei körperlich?

____

____

____

____

____

3. Spüren Sie die Wahrheit dieser Aussage, oder fühlen Sie immer noch, daß Sie das nicht verdienen?

____

____

____

____

____

Wenn Sie in Ihrem Körper irgendwelche negativen Gefühle haben, bekräftigen Sie: *»Ich lasse jetzt das Muster in meinem Bewußtsein los, das Widerstand gegen mein Gutes erzeugt. Ich verdiene es, mich gut zu fühlen.«*

Wiederholen Sie das so lange, bis Sie innere Akzeptanz spüren. Tun Sie das mehrere Tage hintereinander. Es kann sein, daß Sie sich bei einigen dieser Übungen seltsam vorkommen. Vielleicht fragen Sie sich, wie so etwas in Ihnen eine Veränderung bewirken soll. Ich habe erlebt, daß diese Übungen vielen Menschen geholfen haben. Wenn Sie Schritt für Schritt vorgehen, wird das Wunder wirken.

Übung:

Spaß mit dem inneren Kind haben

Wenn Sie durch Besorgtheit oder Furcht blockiert sind, haben Sie vielleicht Ihr inneres Kind im Stich gelassen. Überlegen Sie, wie Sie wieder Kontakt mit Ihrem inneren Kind aufnehmen können. Was könnten Sie einfach nur so zum Spaß tun? Was könnten Sie NUR FÜR SICH tun?

Listen Sie 15 Möglichkeiten auf, mit Ihrem inneren Kind etwas Schönes zu erleben. Vielleicht würden Sie gern gute Bücher lesen, ins Kino gehen, im Garten arbeiten, ein Tagebuch führen oder ein heißes Bad nehmen. Wie wäre es mit ein paar ›kindischen‹ Aktivitäten? Nehmen Sie sich wirklich Zeit, darüber nachzudenken. Sie könnten an den Strand laufen, auf einen Spielplatz gehen und auf einer Schaukel schaukeln, Sie könnten mit Buntstiften ein Bild malen oder auf einen Baum klettern. Wenn Sie Ihre Liste angefertigt haben, sollten Sie täglich wenigstens einer dieser Aktivitäten nachgehen. Lassen Sie die Heilung beginnen!

1. ______________________________

2. ______________________________

3. ______________________________

4. ______________________________

5. ______________________________

6. ______________________________

7. ______________________________

8. ______________________________

9. ____________________

10. ____________________

11. ____________________

12. ____________________

13. ____________________

14. ____________________

15. ____________________

Schauen Sie sich an, was Sie alles entdeckt haben! Machen Sie damit weiter – damit können Sie sich und Ihrem inneren Kind soviel Freude machen! Fühlen Sie, wie die Beziehung zwischen Ihnen beiden heilt.

Übung:

Ihre Dankbarkeits-Liste

Wofür sind Sie dankbar? Wie beginnen Sie Ihren Tag? Was sagen Sie morgen als erstes? Ist es positiv oder negativ? Ich verbringe jeden Morgen zehn Minuten damit, dankbar für alles Gute in meinem Leben zu sein. Listen Sie mindestens zehn Dinge in Ihrem Leben auf, für die Sie dankbar sind. Vielleicht werden Sie einen ganzen Monat brauchen, um diese Liste zu vervollständigen. Machen Sie sich deswegen keine Sorgen – es gibt kein zeitliches Limit. Sie können die Liste jederzeit ergänzen. Schließen Sie die Augen, und denken Sie wirklich nach, ehe Sie schreiben.

1. ______________________________

2. ______________________________

3. ______________________________

4. ______________________________

5. ______________________________

6. ______________________________

7. ______________________________

8. ______________________________

9. ______________________________

10. ______________________________

Übung:

Positive Gefühle

Schauen wir uns einmal Ihre Gefühle an. Schreiben Sie in die folgenden Leerzeilen 50 positive Dinge über sich. Achten Sie auf Ihre Gefühle, während Sie diese Übung ausführen. Spüren Sie inneren Widerstand? Fällt es Ihnen schwer, sich in einem positiven Licht zu sehen? Machen Sie trotzdem weiter! *Denken Sie daran, wie stark Sie sind!*

1. ______________________________

2. ______________________________

3. ______________________________

4. ______________________________

5. ______________________________

6. ______________________________

7. ______________________________

8. ______________________________

9. ______________________________

10. ______________________________

11. ______________________________

12. ______________________________

13. ______________________________

14. ____

15. ____

16. ____

17. ____

18. ____

19. ____

20. ____

21. ____

22. ____

23. ____

24. ____

25. ____

26. ____

27. ____

28. ____

29. ____

30. ____

31. ____

32. ____________________

33. ____________________

34. ____________________

35. ____________________

36. ____________________

37. ____________________

38. ____________________

39. ____________________

40. ____________________

41. ____________________

42. ____________________

43. ____________________

44. ____________________

45. ____________________

46. ____________________

47. ____________________

48. ____________________

49. ____________________

50. ____________________

Wenn Sie glauben:	**Benutzen Sie die Affirmation:**
Ich bin ständig besorgt.	*In mir herrscht Frieden.*
Ich habe Angst vor Menschen.	*Andere zu lieben ist leicht, wenn ich mich selbst liebe und annehme.*
Ich bin sehr einsam.	*Ich bin sicher und bereit für Veränderungen.*
Es fällt mir schwer, meine Gefühle auszudrücken.	*Es ist ungefährlich, meine Gefühle auszudrücken.*
Ich habe ein unbeherrschtes Temperament.	*Ich bin im Frieden mit mir und dem Leben.*
Ich kann mich auf nichts konzentrieren.	*Mein innerer Blick ist klar und ungetrübt.*
Alle sind gegen mich.	*Ich bin liebenswert und alle lieben mich.*
Ich kann mich nicht durchsetzen.	*Ich liebe mich und setze meine Macht weise ein.*
Ich fühle mich wie ein Versager.	*Mein Leben ist ein Erfolg.*
Am liebsten würde ich mich vor aller Welt verkriechen.	*Ich gehe jetzt über meine alten Ängste und Beschränkungen hinaus.*

»Ich gebe mir die Erlaubnis, mich zu entspannen.«

Schauen Sie sich die Checkliste von Seite 59 noch einmal an. Finden Sie für jeden Glaubenssatz die passende Affirmation. Machen Sie diese Affirmationen zu einem festen Bestandteil Ihres Tagesablaufes.

Kraftpunkte

1. Wir alle sind für unsere Erfahrungen selbst verantwortlich.
2. Jeder Gedanke, den wir denken, erschafft unsere Zukunft.
3. Uns allen machen schädliche Muster von Groll, Kritik, Schuldgefühlen und Selbsthaß zu schaffen.
4. Das sind nur Gedanken, und Gedanken lassen sich ändern.
5. Es ist notwendig, daß wir die Vergangenheit loslassen und allen Menschen vergeben.
6. Selbst-Achtung und Selbst-Annahme im ›Jetzt‹ sind die Schlüssel zu positiver Veränderung.
7. Der Kraftpunkt liegt immer im gegenwärtigen Augenblick.

5
ÄNGSTE UND PHOBIEN

»Ängste sind nur Gedanken,
und Gedanken kann man loslassen.«

Checkliste Ängste und Phobien

- ☐ Ich fürchte mich davor, das Haus zu verlassen.
- ☐ Bei mir nützt *das* nichts.
- ☐ Das Älterwerden macht mir Angst.
- ☐ Ich habe Flugangst.
- ☐ Die Menschen machen mir Angst.
- ☐ Was ist, wenn ich obdachlos werde?
- ☐ In einem Auto bekomme ich Platzangst.
- ☐ Was ist, wenn ich einen qualvollen Tod habe?
- ☐ Ich fürchte mich davor, allein zu sein.
- ☐ Ich werde mich niemals mit dem Alter abfinden können.

Wieviel davon klingt ganz nach Ihnen? Schauen wir uns einmal an, welche Mechanismen unserer Angst zugrunde liegen.

Ich glaube, daß wir in jeder Situation die Wahl zwischen Liebe und Angst haben. Wir erfahren die Angst vor Veränderungen, die Angst davor, uns nicht zu verändern, die Angst vor der Zukunft und die Angst davor, eine Chance zu nutzen. Wir fürchten uns vor Nähe, und wir fürchten das Alleinsein. Wir fürchten uns davor, andere Menschen wissen zu lassen, welche Bedürfnisse wir haben und wer wir sind, und wir fürchten uns davor, die Vergangenheit loszulassen.

Am anderen Ende des Spektrums ist die Liebe. Liebe ist das Wunder, nach dem wir alle suchen. Wenn wir uns selbst lieben, bewirkt das in unserem Leben Wunder. Ich spreche nicht von Eitelkeit und Arroganz, denn das ist keine Selbstliebe, sondern Angst. Ich meine mit Selbstliebe, daß wir uns selbst große Achtung entgegenbringen und dankbar sind für die Wunder unseres Körpers und unseres Geistes.

Denken Sie daran, daß Sie, wenn Sie Angst haben, sich selbst nicht wirklich lieben und vertrauen. Sich nicht ›gut genug‹ zu fühlen behindert den Entscheidungsprozeß. Wie können Sie eine gute Entscheidung treffen, wenn Sie sich Ihrer selbst nicht sicher sind?

In ihrem Buch *Feel the Fear and Do It Away* schreibt Susan Jeffers: »Wenn wir alle beim Herantasten an etwas völlig Neues in unserem Leben Furcht empfinden, und sich dennoch so viele trotz ihrer Furcht ins Unbekannte hinauswagen, dann müssen wir daraus schließen, daß *die Furcht nicht das Problem ist.*« Weiter schreibt sie, daß die eigentliche Schwierigkeit nicht die Furcht ist, sondern wie wir mit ihr umgehen. Wir können uns der Furcht aus einer Position der Stärke oder der Hilflosigkeit nähern. Im ersten Fall wird die Furcht an sich belanglos.

Wir erkennen, was wir für das Problem *halten*, und dann finden wir heraus, was das *wirkliche* Problem ist. Das wirkliche Problem ist, sich nicht ›gut genug‹ zu fühlen, und ein Mangel an Selbst-Liebe.

Wir sind immer vollkommen, immer schön und verändern uns ununterbrochen. Wir geben unser Bestes, mit der Einsicht, dem Wissen und der Bewußtheit, die uns gegenwärtig zur Verfügung stehen. Während wir wachsen und uns ständig verändern, wird unser ›Bestes‹ einfach immer besser und besser.

Übung:

Loslassen

Holen Sie tief Luft und lassen Sie zu, daß mit dem Ausatmen alle Spannung Ihren Körper verläßt. Lassen Sie Ihre Kopfhaut, Ihre Stirn und Ihr Gesicht sich entspannen. Ihr Kopf braucht nicht angespannt zu sein, wenn Sie lesen. Lassen Sie Ihre Zunge, Ihren Hals und Ihre Schultern sich entspannen. Sie können ein Buch mit entspannten Armen und Händen halten. Tun Sie das jetzt. Lassen Sie Ihren Rükken, Ihren Bauch und Ihr Becken sich entspannen. Lassen Sie Ihren Atem ruhig werden, während Sie Ihre Beine und Füße entspannen.

Haben Sie beim Lesen des vorangegangenen Abschnittes eine Veränderung in Ihrem Körper gespürt? Achten Sie darauf, wie verkrampft Sie sind. Wenn Ihr Körper verkrampft ist, ist auch Ihr Bewußtsein verkrampft.

Sagen Sie sich in dieser entspannten, bequemen Haltung: *»Ich bin bereit loszulassen. Ich lasse los. Ich lasse alle Anspannung los. Ich lasse alle Furcht los. Ich lasse alle Wut los. Ich lasse alle Schuldgefühle los. Ich lasse alle Traurigkeit los. Ich lasse alte Grenzen los. Ich lasse los und bin im Frieden. Ich bin im Frieden mit mir selbst. Ich bin im Frieden mit dem Fluß des Lebens. Ich bin geborgen.«*

Wiederholen Sie diese Übung zwei- oder dreimal. Spüren Sie, wie angenehm es ist loszulassen. Wiederholen Sie es jedesmal, wenn Schwierigkeiten auftauchen. Es braucht eine gewisse Zeit, bis die Übung ein Teil von Ihnen geworden ist. Wenn Sie einmal mit ihr vertraut sind, können Sie sie jederzeit und an jedem Ort durchführen. Sie werden in jeder Situation in der Lage sein, sich völlig zu entspannen.

Übung:

Ängste und Affirmationen

Schreiben Sie zu jedem der unten aufgeführten Bereiche Ihre größte Angst auf. Denken Sie sich dann eine positive Affirmation aus, die zu dieser Angst paßt.

1. Karriere

Beispiel:

Ich habe Angst, daß nie jemand meinen Wert erkennen wird.

Ihre Angst:

____

____

____

____

____

Affirmations-Beispiel:

An meiner Arbeitsstelle werde ich von allen geschätzt.

Ihre Affirmation:

____

____

____

____

____

2. Lebenssituation

Beispiel:

Ich werde nie ein eigenes Haus haben.

Ihre Angst:

____

____

____

____

____

Affirmations-Beispiel:

Es gibt ein perfektes Haus für mich, und ich akzeptiere es jetzt.

Ihre Affirmation:

____

____

____

____

____

3. Familiäre Beziehungen

Beispiel:

Meine Eltern akzeptieren mich nicht so, wie ich bin.

Ihre Angst:

____

____

____

____

____

Affirmations-Beispiel:

Ich akzeptiere meine Eltern, und sie akzeptieren und lieben mich.

Ihre Affirmation:

____

____

____

____

____

4. Geld

Beispiel:

Ich habe Angst davor, arm zu sein.

Ihre Angst:

____

____

____

____

____

Affirmations-Beispiel:

Ich vertraue darauf, daß alle meine Bedürfnisse erfüllt werden.

Ihre Affirmation:

____

____

____

____

____

5. Körperliches Erscheinungsbild

Beispiel:

Ich glaube, ich bin dick und unattraktiv.

Ihre Angst:

Affirmations-Beispiel:

Ich gebe das Bedürfnis auf, meinen Körper zu kritisieren.

Ihre Affirmation:

6. Sex

Beispiel:

Ich habe Angst davor, daß meine sexuelle ›Leistungsfähigkeit‹ unzureichend ist.

Ihre Angst:

Affirmations-Beispiel:

Ich bin entspannt, und fließe leicht und mühelos mit dem Fluß des Lebens.

Ihre Affirmation:

8. Beziehungen

Beispiel:

Ich glaube nicht, daß mich je jemand lieben wird.

Ihre Angst:

Affirmations-Beispiel:

Liebe und Annahme sind mein. Ich liebe mich selbst.

Ihre Affirmation:

9. Alter

Beispiel:

Ich habe Angst vor dem Altwerden.

Ihre Angst:

Affirmations-Beispiel:

Jedes Alter hat seine unbegrenzten Möglichkeiten.

Ihre Affirmation:

10. Tod und Sterben

Beispiel:

Was ist, wenn es kein Leben nach dem Tod gibt?

Ihre Angst:

____

____

____

____

____

Affirmations-Beispiel:

Ich vertraue dem Fluß des Lebens. Ich befinde mich auf einer endlosen Reise durch die Ewigkeit.

Ihre Affirmation:

____

____

____

____

____

Übung:

Positive Affirmationen

Suchen Sie sich aus der letzten Übung einen angstbesetzten Bereich aus, der Sie gegenwärtig besonders beschäftigt. Visualisieren Sie, wie Sie diese Angst erleben, mit positivem Ergebnis. Sehen Sie, wie Sie sich danach frei und ruhig fühlen. Schreiben Sie fünfundzwanzigmal eine positive Affirmation. Denken Sie daran, wie groß die Kraft ist, die Sie sich so nutzbar machen!

1.
2.
3.
4.
5.
6.
7.
8.
9.
10.
11.
12.
13.
14.
15.
16.
17.
18.

19. ______________________________

20. ______________________________

21. ______________________________

22. ______________________________

23. ______________________________

24. ______________________________

25. ______________________________

Wenn Sie glauben:	**Benutzen Sie die Affirmation:**
Ich fürchte mich davor, das Haus zu verlassen.	*Ich bin stets sicher und geborgen.*
Bei mir nützt das nichts.	*Ich treffe stets die richtigen Entscheidungen.*
Das Älterwerden macht mir Angst.	*Mein Alter ist vollkommen, und ich genieße jeden neuen Augenblick.*
Ich habe Flugangst.	*Ich ruhe sicher in meiner Mitte und nehme die Vollkommenheit für mein Leben an.*
Die Menschen machen mir Angst.	*Ich bin geliebt und geborgen, wohin ich auch gehe.*
Was ist, wenn ich obdachlos werde?	*Das Universum ist mein Zuhause.*
In einem Auto bekomme ich Platzangst.	*Ich entspanne mich und reise mit Freude, Leichtigkeit und Komfort.*
Was ist, wenn ich einen qualvollen Tod habe?	*Ich werde zur rechten Zeit friedlich und auf angenehme Art sterben.*
Ich fürchte mich davor, allein zu sein.	*Ich bringe Liebe zum Ausdruck und werde, wohin ich auch gehe, stets Liebe empfangen.*

»Ich gebe mir die Erlaubnis, im Frieden zu sein.«

Schauen Sie sich noch einmal die Glaubenssatz-Checkliste von Seite 71 an. Und betrachten Sie dann die entsprechenden Affirmationen. Machen Sie diese Affirmationen zu einem festen Teil Ihres täglichen Lebens. Wiederholen Sie sie häufig im Auto, bei der Arbeit, vor dem Spiegel oder jedesmal, wenn Ihre negativen Glaubenssätze sich bemerkbar machen.

Kraftpunkte

1. Wir alle sind für unsere Erfahrungen selbst verantwortlich.
2. Jeder Gedanke, den wir denken, erschafft unsere Zukunft.
3. Uns allen machen schädliche Muster von Groll, Kritik, Schuldgefühlen und Selbsthaß zu schaffen.
4. Das sind nur Gedanken, und Gedanken lassen sich ändern.
5. Es ist notwendig, daß wir die Vergangenheit loslassen und allen Menschen vergeben.
6. Selbst-Achtung und Selbst-Annahme im ›Jetzt‹ sind die Schlüssel zu positiver Veränderung.
7. Der Kraftpunkt liegt immer im gegenwärtigen Augenblick.

6
WUT

»Ich nehme alle meine Emotionen liebevoll an.«

Wut-Checkliste

- ☐ Ich fürchte mich vor der Wut.
- ☐ Wenn ich wütend werde, verliere ich die Kontrolle über mich.
- ☐ Ich habe kein Recht, wütend zu sein.
- ☐ Wut ist etwas Schlechtes.
- ☐ Wenn jemand wütend ist, bekomme ich Angst.
- ☐ Es ist gefährlich, wütend zu sein.
- ☐ Ich muß meine Wut verbergen.
- ☐ Ärger herunterzuschlucken, macht mich krank.
- ☐ Ich war noch nie wütend.
- ☐ Wenn ich wütend werde, möchte ich einem anderen wehtun.

Erkennen Sie eines dieser Gefühle wieder? Wut könnte eine Ihrer großen Barrieren sein.

Zunächst ist Wut eine natürliche und normale Emotion. Kleine Kinder werden wütend, drücken ihre Wut aus, und dann ist es wieder gut. Viele von uns haben gelernt, daß es nicht nett ist, nicht höflich oder akzeptabel, wütend zu sein. Wir lernen unsere Wutgefühle hinunterzuschlucken. Sie setzen sich in unserem Körper, in den Gelenken und Muskeln fest. Sie sammeln sich dort an und verwandeln sich in Groll. Schicht auf Schicht verdrängter, in Groll verwandelter Ärger kann Krankheiten wir Arthritis, chronische Schmerzen und sogar Krebs mitverursachen.

Wir müssen alle unsere Gefühle zur Kenntnis nehmen, auch unsere Wut, und positive Wege finden, diese Gefühle auszudrücken. Es ist nicht nötig, daß wir Menschen schlagen oder beleidigen, aber wir können einfach und deutlich sagen: »Das macht mich wütend.« Oder: »Ich bin wütend, weil du das getan hast.« Wenn das der Situation nicht angemessen ist, haben wir immer noch viele andere Möglichkeiten: Wir können in ein Kissen schreien. Auf unser Bett einschlagen. Gegen ein Kissen treten. Rennen. Im Auto bei hochgekurbelten Fenstern laut schreien. Tennis spielen. Das sind alles gesunde Möglichkeiten, sich abzureagieren.

1. Welches Wut-Muster gab es in Ihrer Familie?

2. Wie ist Ihr Vater mit seiner Wut umgegangen?

3. Wie ist Ihre Mutter mit ihrer Wut umgegangen?

4. Wie sind Ihre Brüder oder Schwestern mit ihrer Wut umgegangen?

5. Gab es in Ihrer Familie einen Sündenbock?

6. Wie sind Sie als Kind mit Ihrer Wut umgegangen?

7. Haben Sie Ihren Ärger ausgedrückt oder ihn unterdrückt?

____

____

____

____

____

8. Welche Methode haben Sie benutzt, um ihn zu zügeln?

____

____

____

____

____

9. Waren Sie:	Ja	Nein
Ein Vielfraß?	☐	☐
Immer krank?	☐	☐
Anfällig für Unfälle?	☐	☐
Oft in Raufereien verwickelt?	☐	☐
Ein schlechter Schüler?	☐	☐
Stets den Tränen nah?	☐	☐

10. Wie gehen Sie jetzt mit Ihrer Wut um?

11. Erkennen Sie in Ihrer Familie ein gemeinsames Muster?

12. Welchem anderen Familienmitglied ähnelt Ihre Art, Wut auszudrücken?

13. Haben Sie ein ›Recht‹ wütend zu sein?

14. Warum nicht? Wer hat Ihnen das gesagt?

15. Gestatten Sie es sich, alle Ihre Gefühle auf angemessene Art auszudrücken?

Eine rasch wirkende und einfache Methode, wenn Ihre Gefühle Sie überwältigen, besteht darin, mehrmals auf- und abzuhüpfen und dabei zu rufen: »*Ja! Nein! Laß mich in Frieden! Ja! Nein! Laß mich in Frieden!*« Probieren Sie es aus. Es wirkt wunderbar und verschafft Ihnen rasch Erleichterung.

Wenn Sie viel Ärger unterdrückt haben, dann fühlen Sie sich vielleicht ständig wütend. Der Ärger brodelt dicht unter der Oberfläche. Der geringste Anlaß genügt für einen Ausbruch. Sie werden diese Wut vielleicht nicht offen zeigen, aber Sie werden leise vor sich hin schimpfen und eine Menge ärgerlicher, verurteilender Gedanken haben. Vielleicht sind Sie jemand, der alle anderen Menschen in seiner Umgebung kritisiert. Dann werden Sie ganz sicher auch sich selbst ständig kritisieren.

Sie sollten sich also fragen:

1. Was habe ich davon, ständig wütend zu sein?

____

____

____

____

____

____

____

2. Was passiert, wenn ich meinen Ärger loslasse?

3. Bin ich bereit, zu vergeben und frei zu sein?

Übung:

Einen Brief schreiben

Suchen Sie sich jemanden aus, auf den Sie immer noch wütend sind. Vielleicht ist es eine ziemlich alte Wut. Schreiben Sie dieser Person einen Brief. Berichten Sie ihr über all Ihren Kummer, und wie Sie sich fühlen. Seien Sie ganz offen. Drücken Sie wirklich aus, was Sie empfinden. Benutzen Sie, wenn nötig, zusätzliches Schreibpapier.

Wenn Sie mit dem Brief fertig sind, lesen Sie ihn sich einmal durch. Falten Sie ihn dann zusammen und schreiben Sie auf die Außenseite: »*Was ich wirklich will, ist deine Liebe und Anerkennung.*« Verbrennen Sie den Brief dann, und lassen Sie ihn los.

Spiegel-Arbeit

Nehmen Sie eine andere Person, auf die Sie wütend sind, oder noch mal dieselbe. Setzen Sie sich vor einen Spiegel. Legen Sie ein paar Papiertaschentücher bereit. Blicken Sie sich selbst in die Augen und sehen Sie dabei die andere Person. Sagen Sie ihr, worüber Sie wütend sind.

Wenn Sie damit fertig sind, sagen Sie ihr: »*Was ich wirklich will, ist deine Liebe und Anerkennung.*« Das ist es, was wir alle von den anderen Menschen wollen, und was die anderen von uns wollen. Liebe und Anerkennung bringen Harmonie in unser Leben.

Um frei zu werden, müssen wir unsere alten Fesseln lösen. Schauen Sie also noch einmal in den Spiegel und bekräftigen Sie: »*Ich bin bereit, das Bedürfnis loszulassen, ein wütender Mensch zu sein.*« Achten Sie darauf, ob Sie wirklich bereit sind loszulassen, oder ob Sie sich immer noch an die Vergangenheit klammern.

Schauen Sie sich noch einmal die Wut-Checkliste an. Die entsprechenden Affirmationen sind gegenübergestellt. Wenden Sie sie im Auto an, während Sie sich morgens die Zähne putzen, vor dem Spiegel oder immer dann, wenn Ihre Negativität in Ihnen hochsteigt.

Wenn Sie glauben:	**Bejahen Sie:**
Ich fürchte mich vor der Wut.	*Ich akzeptiere alle meine Gefühle. Es ist ungefährlich für mich, meinen Ärger wahrzunehmen.*
Wenn ich wütend werde, verliere ich die Kontrolle über mich.	*Ich drücke meine Wut an angemessener Stelle und auf angemessene Art aus.*
Ich habe kein Recht, wütend zu sein.	*Alle meine Gefühle sind akzeptabel.*
Wut ist etwas Schlechtes.	*Wut ist normal und natürlich.*
Wenn jemand wütend ist, bekomme ich Angst.	*Ich tröste mein inneres Kind und wir sind geborgen.*
Es ist gefährlich, wütend zu sein.	*Alle meine Emotionen sind ungefährlich.*
Ich muß meine Wut verbergen.	*Ich drücke meine Wut auf angemessene Art aus.*
Ärger herunterzuschlucken, macht mich krank.	*Ich gebe allen Gefühlen völlige Freiheit, auch meiner Wut.*
Ich war noch nie wütend.	*Wut auf gesunde Art auszudrücken, hält mich gesund.*
Wenn ich wütend werde, möchte ich einem anderen wehtun.	*Niemand ist in Gefahr, wenn ich meine Gefühle ausdrücke.*

»Ich gebe mir die Erlaubnis, meine Gefühle anzunehmen.«

Kraftpunkte

1. Wir alle sind für unsere Erfahrungen selbst verantwortlich.
2. Jeder Gedanke, den wir denken, erschafft unsere Zukunft.
3. Uns allen machen schädliche Muster von Groll, Kritik, Schuldgefühlen und Selbsthaß zu schaffen.
4. Das sind nur Gedanken, und Gedanken lassen sich ändern.
5. Es ist notwendig, daß wir die Vergangenheit loslassen und allen Menschen vergeben.
6. Selbst-Achtung und Selbst-Annahme im ›Jetzt‹ sind die Schlüssel zu positiver Veränderung.
7. Der Kraftpunkt liegt immer im gegenwärtigen Augenblick.

7
KRITIK UND URTEIL

Checkliste Kritik und Urteil

- ☐ Warum gibt es so viele schlechte Autofahrer?
- ☐ Die Leute sind so dumm.
- ☐ Ich bin ein solcher Dummkopf.
- ☐ Ich würde es tun, wenn ich nicht so dick wäre.
- ☐ Das ist das häßlichste Kleid, das ich je gesehen habe.
- ☐ Sie werden diesen Job nie erledigt bekommen.
- ☐ Ich bin ein solcher Trampel.
- ☐ Die Leute hier sind furchtbar dumm.
- ☐ Meine Nachbarn machen immer solchen Lärm.
- ☐ Niemand fragt mich nach meiner Meinung.
- ☐ Hast du schon gesehen, was für eine alte Karre sie fährt?
- ☐ Ich hasse die Art, wie er lacht.

Hört Ihr innerer Dialog sich so an? Stichelt Ihre innere Stimme ständig? Betrachten Sie die Welt durch kritische Augen? Fällen Sie ständig Urteile? Sind Sie selbstgerecht?

Die meisten von uns sind so sehr daran gewöhnt, zu kritisieren und zu urteilen, daß es uns schwerfällt, diese Gewohnheit zu durchbrechen. Zugleich ist es unser wichtigstes Problem, an dem wir unverzüglich arbeiten sollten. Wir werden nie in der Lage sein, uns selbst zu lieben, solange wir nicht das Bedürfnis überwinden, das Leben zu beurteilen.

Als kleines Kind waren Sie wunderbar offen für das Leben. Voller Staunen betrachteten Sie die Welt. Solange Ihnen nichts Angst einjagte und niemand Ihnen Schaden zufügte, akzeptierten Sie das Leben so, wie es war. Später, als Sie aufwuchsen, fingen Sie an, die Meinungen anderer zu übernehmen und sie sich zu eigen zu machen. Sie lernten, wie man kritisiert.

1. Welches Verhaltensmuster herrschte in Ihrer Familie vor?

2. Was haben Sie von Ihrer Mutter über Kritik gelernt?

3. Was pflegte Ihre Mutter zu kritisieren?

4. Wurden Sie von ihr kritisiert?

5. Weswegen?

6. Pflegte Ihr Vater andere zu verurteilen?

7. Wie hat Ihr Vater über Sie geurteilt?

8. War es in Ihrer Familie üblich, sich gegenseitig zu kritisieren?

9. Wie und wann geschah das?

10. Erinnern Sie sich, bei welchem Anlaß Sie zum erstenmal kritisiert wurden?

11. Wie hat Ihre Familie über die Nachbarn geurteilt?

12. Hatten Sie in der Schule liebevolle, Sie fördernde Lehrer? Oder hielten sie Ihnen stets Ihre Mängel vor? Was genau haben sie zu Ihnen gesagt?

____

____

____

____

____

13. Erkennen Sie jetzt allmählich, von wem Sie dieses Verhaltensmuster übernommen haben könnten? Wer war in Ihrer Kindheit der kritischste Mensch?

____

____

____

____

____

Vielleicht hat man Ihnen eingeredet, daß Sie sich selbst kritisieren müssen, um zu wachsen und sich zu verändern. Mit dieser Auffassung bin ich überhaupt nicht einverstanden!

Ich glaube, daß Kritik unseren Geist verkümmern läßt. Sie bestärkt uns nur in dem Glauben, daß wir ›nicht gut genug sind‹. Das bringt ganz gewiß nicht das Beste in uns zum Vorschein.

Übung:

Das ›Du sollst‹ ersetzen

Wie ich schon oft gesagt habe, halte ich ›sollen‹ für eines der schädlichsten Worte in unserer Sprache. Jedesmal, wenn wir es benutzen, sagen wir im Grunde: ›falsch‹. Entweder, wir sind falsch, oder wir waren falsch, oder wir werden falsch sein. Ich würde das Wort ›sollen‹ gern für alle Zeiten aus unserem Vokabular streichen und es durch das Wort ›können‹ ersetzen. ›Können‹ gibt uns die Möglichkeit zu wählen, und dann ist das, was wir tun, niemals falsch. Denken Sie an fünf Dinge, die Sie tun ›sollen‹.

Ich soll:

1. ______________________________

2. ______________________________

3. ______________________________

4. ______________________________

5. ______________________________

Ersetzen Sie *sollen* durch *können.*

Ich kann:

1. ______________________________

2. ______________________________

3. ______________________________

4. ______________________________

5. ______________________________

Fragen Sie sich nun: »Warum habe ich nicht?« Möglicherweise finden Sie heraus, daß Sie sich selbst jahrelang für etwas gescholten haben, das Sie eigentlich gar nicht tun wollten, oder für etwas, das nie Ihre eigene Idee war. Wie viele ›Ich soll‹ können Sie von Ihrer Liste streichen?

Übung:

Ihre kritische Liste

Zählen Sie fünf Dinge auf, wegen derer Sie sich selbst kritisieren:

1. ______________________________

2. ______________________________

3. ______________________________

4. ______________________________

5. ______________________________

Setzen Sie jetzt hinter jeden Punkt auf Ihrer Liste ein Datum – den Tag, an dem Sie anfingen, diesen Punkt in Ihre ›Das ist falsch‹-Liste aufzunehmen.

Ist es nicht erstaunlich, wie lange Sie sich wegen dieser Sache kritisiert haben? Doch diese Gewohnheit hat keinerlei positive Veränderungen bewirkt, nicht wahr? Genau. Kritik funktioniert nicht! Sie bewirkt lediglich, daß Sie sich schlecht fühlen. Hören Sie also mit der Kritik auf.

Damit ein Kind wachsen und gedeihen kann, braucht es Liebe, Annahme und Lob. Man kann uns ›bessere‹ Wege zeigen, eine Sache zu tun, ohne die Art, wie wir es bisher machen, als ›falsch‹ zu verurteilen. Das Kind in uns braucht noch immer diese Liebe und Anerkennung.

»Ich liebe dich und weiß, daß du deine Sache so gut wie möglich machst.«

»So, wie du bist, bist du perfekt.«

»Du wirst von Tag zu Tag wunderbarer.«

»Ich halte viel von dir.«

»Laß uns einmal gemeinsam überlegen, ob wir nicht einen besseren Weg finden, diese Arbeit zu tun.«

»Zu wachsen und sich zu verändern macht Spaß, und wir können es gemeinsam tun.«

Solche Worte möchten Kinder gern hören. Dann fühlen sie sich gut. Wenn sie sich gut fühlen, geben sie ihr Bestes. Sie entfalten sich auf wunderschöne Weise.

Wenn Ihr Kind, Ihr inneres Kind, daran gewöhnt ist, ständig alles ›falsch‹ zu machen, dann wird es eine gewisse Zeit brauchen, bis es die neuen, positiven Worte akzeptiert. Wenn Sie den festen Entschluß fassen, mit dem Kritisieren aufzuhören, und beharrlich bleiben, können Sie Wunder bewirken.

Nehmen Sie sich einen Monat Zeit, mit Ihrem inneren Kind auf positive Art zu sprechen. Verwenden Sie die oben aufgeführten Affirmationen. Machen Sie sich eine Liste mit eigenen Affirmationen. Tragen Sie sie stets bei sich. Wenn Sie merken, daß Sie kritisieren oder verurteilen, nehmen Sie die Liste und lesen Sie sie zwei- oder dreimal. Noch besser ist es, wenn Sie laut vor dem Spiegel lesen.

Übung:

Wer ärgert Sie?

Wen setzen Sie, außer sich selbst, noch herab? Zählen Sie fünf Personen auf, und was Sie an ihnen am meisten ärgert.

Beispiel:

Georg: *Er lächelt nie.*
Sabine: *Ihr Make-up ist einfach schrecklich.*

1. ____

2. ____

3. ____

4. ____

5. ____

Nehmen Sie jetzt dieselben Leute und machen Sie eine andere Liste. Finden Sie diesmal zu jeder Person etwas Positives – etwas, an dem Sie Gefallen finden. Suchen Sie danach. Sogar eine Kleinigkeit zählt hier bereits.

1. ____

2. ____

3. ____

4. ____

5. ____

Benutzen Sie von jetzt an jedesmal, wenn Sie an diese Personen denken, einen Satz von Ihrer Liste, um sie zu loben. Füllen Sie Ihr Bewußtsein mit positiven Gedanken. Machen Sie es sich zur Gewohnheit, nur positive Bemerkungen über Ihre Lippen kommen zu lassen. Wenn Sie Ihr Leben verändern wollen, müssen Sie Ihren Mund im Zaum halten.

Übung:

Sich selbst zuhören

Für diese Übung brauchen Sie einen Kassettenrecorder. Stellen Sie den Recorder neben das Telefon. Nehmen Sie für etwa eine Woche Ihre Telefonate auf Band auf – nur Ihre Stimme, nicht am Gerät anschließen. Wenn beide Seiten der Kassette bespielt sind, setzen Sie sich hin und hören es sich an. Achten Sie nicht nur darauf, was Sie sagen, sondern auch, wie Sie es sagen. Was sind Ihre Glaubenssätze? Wen oder was kritisieren Sie? Kommt es vor, daß Sie dabei wie Ihr Vater oder Ihre Mutter klingen?

Wenn Sie aufhören, sich selbst ständig zu kritisieren, werden Sie bemerken, daß Sie auch andere Menschen nicht mehr so oft kritisieren.

Wenn Sie es sich selbst gestatten, Sie selbst zu sein, erlauben Sie ganz automatisch auch anderen, sie selbst zu sein. Ihre kleinen Angewohnheiten regen Sie nicht mehr so auf. Sie haben nicht mehr das Bedürfnis, die anderen so umformen zu wollen, wie Sie selbst gerne wären. Wenn Sie damit aufhören, andere zu verurteilen, haben die anderen auch nicht mehr das Bedürfnis, Sie zu verurteilen. So werden wir alle freier.

Schauen Sie sich noch einmal die Checkliste zu Beginn des Kapitels an, dann die entsprechenden Affirmationen. Machen Sie diese Affirmationen zu einem festen Teil Ihres Tagesablaufs. Wenden Sie sie im Auto an, vor dem Spiegel, bei der Arbeit oder immer dann, wenn Ihre negativen Glaubenssätze in Ihr Bewußtsein dringen.

Wenn Sie glauben:	**Bejahen Sie:**
Warum gibt es so viele schlechte Autofahrer?	*Ich umgebe mich jetzt mit wunderbaren Autofahrern.*
Die Leute sind so dumm.	*Alle, auch ich selbst, geben ihr Bestes.*
Ich bin ein solcher Dummkopf.	*Ich liebe und achte mich.*
Ich würde es tun, wenn ich nicht so dick wäre.	*Ich weiß das Wunder meines Körpers zu würdigen.*
Das ist das häßlichste Kleid, was ich je gesehen habe.	*Ich liebe es, wie die Menschen ihre Einzigartigkeit durch ihre Kleidung ausdrücken.*
Sie werden diesen Job nie erledigt bekommen.	*Ich lasse davon ab, andere zu kritisieren.*
Ich bin ein solcher Trampel.	*Ich werde von Tag zu Tag gewandter.*
Die Leute hier sind furchtbar dumm.	*Ich schaffe in meinem Bewußtsein Klarheit, und das spiegelt sich in allen Menschen meiner Umgebung wider.*
Meine Nachbarn machen immer solchen Lärm.	*Ich habe jetzt nicht mehr das Bedürfnis, mich stören zu lassen.*
Niemand fragt mich nach meiner Meinung.	*Meine Meinung wird allseits geschätzt.*
Hast du schon gesehen, was für eine alte Karre sie fährt?	*Liebevoll unterstütze ich ihre Entscheidung, ein solches Transportmittel zu benutzen.*
Ich hasse die Art, wie er lacht.	*Ich freue mich über jedes Lachen, das ich höre.*

Kraftpunkte

1. Wir alle sind für unsere Erfahrungen selbst verantwortlich.
2. Jeder Gedanke, den wir denken, erschafft unsere Zukunft.
3. Uns allen machen schädliche Muster von Groll, Kritik, Schuldgefühlen und Selbsthaß zu schaffen.
4. Das sind nur Gedanken, und Gedanken lassen sich ändern.
5. Es ist notwendig, die Vergangenheit loszulassen und allen Menschen zu vergeben.
6. Selbst-Achtung und Selbst-Annahme im ›Jetzt‹ sind die Schlüssel zu positiver Veränderung.
7. Der Kraftpunkt liegt immer im gegenwärtigen Augenblick.

8
SÜCHTE

»Keine Person, kein Ort,
keine Sache hat irgendeine Macht über mich.
Ich bin frei.«

Sucht-Checkliste

- ☐ Ich möchte mich jetzt besser fühlen.
- ☐ Wenn ich rauche, bin ich weniger gestreßt.
- ☐ Häufiger Sex ist eine angenehme Fluchtmöglichkeit.
- ☐ Ich kann nicht aufhören zu essen.
- ☐ Trinken macht mich beliebt.
- ☐ Ich muß vollkommen sein.
- ☐ Ich spiele zu viel.
- ☐ Ich brauche meine Tranquilizer.
- ☐ Ich muß ständig etwas Neues kaufen.
- ☐ Ich kann mich nicht aus Beziehungen lösen, in denen ich mißbraucht werde.

Wieviel davon klingt ganz nach Ihnen? Schauen wir uns dieses Verhalten einmal etwas genauer an.

Suchtverhalten ist ein anderer Weg, zu sagen: »Ich bin nicht gut genug.« Wenn wir ein solches Verhalten an den Tag legen, versuchen wir, vor uns selbst davonzulaufen. Wir sind nicht in Verbindung mit unseren Gefühlen. Etwas, das wir glauben, sagen oder tun, ist zu schmerzhaft für uns, um es uns einzugestehen. Deshalb essen wir zuviel, trinken, schlucken Pillen, geben mehr Geld aus, als wir haben. Sex wird zu einem zwanghaften Verhalten, und in unseren Liebesbeziehungen mißbrauchen wir unsere Partner.

Es gibt Zwölf-Punkte-Programme, mit denen sich die meisten dieser Süchte in den Griff bekommen lassen, und sie haben Tausenden von Menschen geholfen. Was solche Programme bei Suchtkranken zu leisten vermögen, werden wir mit diesem einen Kapitel nicht erreichen können. Aus meiner Sicht müssen wir uns erst einmal klarmachen, daß es in uns ein konkretes Bedürfnis nach diesem zwanghaften Verhalten gibt. Erst wenn dieses Bedürfnis verschwindet, wird sich auch das Verhalten verändern.

Um Suchtverhalten zu überwinden, ist es außerordentlich wichtig, sich selbst zu lieben und zu achten, dem Fluß des Lebens zu vertrauen und sich sicher zu fühlen, weil man die Kraft des eigenen Bewußtseins kennt. Aus meinen Erfahrungen mit Suchtkranken weiß ich, daß die meisten einen ausgeprägten Selbsthaß empfinden. Sie sind sehr unnachsichtig mit sich selbst. Tag für Tag bestrafen sie sich. Warum? Weil sie irgendwann in der Kindheit zu der Überzeugung kamen, daß sie nicht gut genug waren; sie waren schlecht und brauchten deshalb Strafe. Wenn es in der Kindheit zu Mißhandlungen, zu emotionalem und sexuellem Mißbrauch kommt, trägt das zu diesem Selbsthaß bei. Ehrlichkeit, die Bereitschaft zu vergeben, Selbst-Liebe und der Wille, in der Wahrheit zu leben, können helfen, diese frühen Wunden zu heilen und dem Suchtkranken Erleichterung verschaffen. Außerdem sind Suchtkranke durchweg ängstlich. Sie fürchten sich davor, loszulassen und dem Lebensprozeß zu vertrauen. Solange wir glauben, daß die Welt ein unsicherer Ort ist, voller Menschen und Situationen, die uns gefährlich werden können – solange verwirklicht sich dieser Glaube für uns.

Sind Sie bereit, sich von Ideen und Glaubenssätzen zu lösen, die nicht unterstützend und fördernd sind? Dann ist es Zeit, daß wir unsere Reise fortsetzen.

Übung:

Süchte loslassen

Hier und jetzt in unserem Bewußtsein ist der Ort, wo die Veränderungen stattfinden. Holen Sie ein paarmal tief Luft, schließen Sie die Augen und denken Sie an die Person, den Ort oder die Sache, nach der oder dem Sie süchtig sind. Denken Sie über den Irrsinn dieser Sucht nach. Sie versuchen das, was Sie *in* sich für schlecht oder falsch halten, zu beheben, indem Sie sich an etwas klammern, das *außerhalb* von Ihnen existiert. Der Kraftpunkt liegt im gegenwärtigen Augenblick, und Sie können noch heute eine Veränderung herbeiführen.

Sie müssen nur willens sein, das Bedürfnis loszulassen. Sagen Sie: *»Ich bin bereit, das Bedürfnis nach*

____

loszulassen. Ich lasse es jetzt los und vertraue darauf, daß der Lebensprozeß meine Bedürfnisse erfüllt.«

Sagen Sie das jeden Morgen in Ihrer Meditation und in Ihren Gebeten. So machen Sie einen weiteren Schritt in die Freiheit.

Übung:

Ihre geheime Sucht

Nennen Sie zehn Ihre Sucht betreffende Geheimnisse, die Sie noch nie einem anderen Menschen anvertraut haben. Wenn Sie freßsüchtig sind, haben Sie vielleicht schon einmal Sachen aus einer Mülltonne gegessen. Wenn Sie Alkoholiker sind, haben Sie vielleicht schon eine Flasche im Auto versteckt, um beim Fahren etwas trinken zu können. Wenn Sie ein zwanghafter Spieler sind, haben Sie vielleicht schon Ihre Familie mit immer neuen Spielschulden in Angst und Schrecken versetzt.

1. ______________________________

2. ______________________________

3. ______________________________

4. ______________________________

5. ______________________________

6. ______________________________

7. ______________________________

8. ______________________________

9. ______________________________

10. ______________________________

Wie fühlen Sie sich jetzt? Schauen Sie sich Ihr ›schlimmstes‹ Geheimnis an. Visualisieren Sie sich in dieser Situation und *lieben* Sie diese Person. Sagen Sie ihr, wie sehr Sie sie lieben und daß Sie ihr vergeben. Schauen Sie in den Spiegel und sagen Sie: »*Ich vergebe dir, und ich liebe dich so, wie du bist.*« Atmen Sie tief durch.

Übung:

Fragen Sie Ihre Familie

Gehen wir für einen Moment in unsere Kindheit zurück, und stellen wir uns ein paar Fragen.

1. Meine Mutter wollte immer, daß ich...

____

____

____

____

2. Ich hätte viel lieber gehabt, wenn sie...

____

____

____

____

3. Meine Mutter wußte nicht, daß…

4. Mein Vater erlaubte mir nicht…

5. Wenn mein Vater doch nur wüßte, daß…

6. Ich wünschte, ich hätte meinem Vater gesagt…

7. Mutter, ich vergebe dir, daß du…

8. Vater, ich vergebe dir, daß du…

9. Was würden Sie Ihren Eltern gerne noch von sich erzählen? Welche Sache ist zwischen Ihnen und Ihren Eltern noch ungeklärt?

Es kommen viele Menschen zu mir, die mir sagen, daß sie die Gegenwart nicht genießen können wegen etwas, das in der Vergangenheit geschehen ist. Wenn wir die Vergangenheit festhalten, VERLETZEN WIR UNS DAMIT NUR. Wir weigern uns, in der Gegenwart zu leben. Die Vergangenheit ist vorbei und läßt sich nicht mehr ändern. Wir können lediglich den gegenwärtigen Augenblick erfahren.

Übung:

Die Vergangenheit loslassen

Jetzt wollen wir in unserem Bewußtsein die Vergangenheit reinigen. Lösen Sie die emotionalen Bindungen an das Vergangene. Erlauben Sie es den Erinnerungen, einfach nur Erinnerungen zu sein.

Wenn Sie sich an die Kleidung erinnern, die Sie mit zehn Jahren getragen haben, gibt es daran gewöhnlich keine emotionale Bindung. Es ist einfach nur eine Erinnerung.

Das kann auch bei allen anderen vergangenen Ereignissen in Ihrem Leben so sein. Wenn wir loslassen, werden wir frei, unsere ganze geistige Kraft darauf zu verwenden, diesen Augenblick zu genießen und eine wundervolle Zukunft zu erschaffen.

Wir brauchen uns nicht länger für unsere Vergangenheit zu bestrafen.

1. Zählen Sie alles auf, was Sie loslassen möchten.

---

2. Wie groß ist Ihre Bereitschaft, loszulassen? Achten Sie auf Ihre Reaktionen und notieren Sie sie.

---

3. Was müssen Sie tun, um diese Dinge loszulassen? Wie groß ist Ihre Bereitschaft dazu?

Übung:

Selbst-Annahme

Da Selbsthaß beim Suchtverhalten eine so wichtige Rolle spielt, werden wir jetzt eine meiner bevorzugten und oft benutzten Übungen anwenden. Ich habe diese Übung Tausenden von Menschen empfohlen, und die Resultate sind phänomenal.

Jedesmal wenn Sie in den nächsten vier Wochen über Ihre Sucht nachdenken, sagen Sie sich immer wieder: *»Ich achte mich.«*

Sagen Sie das drei- oder vierhundertmal am Tag. Nein, das ist nicht zu oft. Wenn Sie sich Sorgen machen, dann denken Sie am Tag mindestens so oft an Ihr Problem. Machen Sie ›Ich achte mich‹ zu Ihrem Mantra, zu etwas, das Sie sich immer wieder sagen, fast pausenlos.

Wenn Sie »Ich achte mich« sagen, kommen in Ihrem Bewußtsein alle Gedanken zum Vorschein, die dem widersprechen. Wenn ein negativer Gedanke wie »Wie kannst du dich achten, wo du doch dein ganzes Geld ausgegeben hast« oder »Du hast gerade zwei Stück Kuchen gegessen« oder »Du wirst es nie zu etwas bringen« oder anderes negatives Geplapper hochsteigt, dann ist das *der* Moment, um geistige Kontrolle zu gewinnen. Messen Sie diesen Gedanken keine Bedeutung bei. Erkennen Sie, daß der Gedanke einfach nur ein Weg ist, Sie weiter an die Vergangenheit zu fesseln. Sagen Sie ruhig zu dem Gedanken: *»Danke, daß du dich mitgeteilt hast. Ich lasse dich los. Ich achte mich.«* Diese widerstrebenden Gedanken haben keine Macht über Sie, es sei denn, Sie geben ihnen Macht.

Betrachten Sie die Checkliste und die entsprechenden Affirmationen. Machen Sie diese Affirmationen zu einem festen Bestandteil Ihres Tagesablaufes. Wenden Sie sie bei der Arbeit an, im Auto, oder während Sie sich morgens die Zähne putzen.

Wenn Sie glauben:	**Bejahen Sie:**
Ich möchte mich jetzt besser fühlen.	*Ich bin im Frieden.*
Wenn ich rauche, bin ich weniger gestreßt.	*Ich löse mich mühelos von meinem Streß.*
Häufiger Sex ist eine angenehme Fluchtmöglichkeit.	*Ich habe die Macht, die Kraft und das Wissen, alles in meinem Leben aufs beste zu regeln.*
Ich kann nicht aufhören zu essen.	*Liebe umgibt, schützt und nährt mich.*
Trinken macht mich beliebt.	*Ich strahle Liebe aus und werde geliebt.*
Ich muß vollkommen sein.	*Ich erlaube und begrüße Veränderungen.*
Ich spiele zu viel.	*Ich bin offen für meine innere Weisheit.*
Ich brauche meine Tranquilizer.	*Der Fluß des Lebens versorgt mich mit allem Nötigen.*
Ich muß ständig etwas Neues kaufen.	*Ich denke jetzt neue Gedanken über mich und mein Leben.*
Ich kann mich nicht aus Beziehungen lösen, in denen ich mißbraucht werde.	*Ich bin stark und fähig. Ich liebe mich und nehme mich voll an.*

»Ich gebe mir die Erlaubnis, mich zu verändern.«

Kraftpunkte

1. Wir alle sind für unsere Erfahrungen selbst verantwortlich.
2. Jeder Gedanke, den wir denken, erschafft unsere Zukunft.
3. Uns allen machen schädliche Muster von Groll, Kritik, Schuldgefühlen und Selbsthaß zu schaffen.
4. Das sind nur Gedanken, und Gedanken lassen sich ändern.
5. Es ist notwendig, die Vergangenheit loszulassen und allen Menschen zu vergeben.
6. Selbst-Achtung und Selbst-Annahme im ›Jetzt‹ sind die Schlüssel zu positiver Veränderung.
7. Der Kraftpunkt liegt immer im gegenwärtigen Augenblick.

9
VERGEBUNG

*»Mir wird vergeben,
und ich bin frei.«*

Vergebungs-Checkliste

- ☐ Ich werde ihnen niemals vergeben.
- ☐ Was sie getan haben, ist unverzeihlich.
- ☐ Sie haben mein Leben ruiniert.
- ☐ Sie haben es absichtlich getan.
- ☐ Ich war noch so klein, und sie haben mir so weh getan.
- ☐ Sie müssen sich zuerst entschuldigen.
- ☐ Mein Unmut gibt mir Sicherheit.
- ☐ Nur schwache Menschen vergeben.
- ☐ Ich bin im Recht, und sie sind im Unrecht.
- ☐ Das ist alles die Schuld meiner Eltern.
- ☐ Ich brauche niemandem zu vergeben.

Sind Sie geneigt, mehreren von diesen Aussagen zuzustimmen? Vergebung ist für die meisten von uns ein schwieriger Bereich.

Wir alle müssen Vergebung praktizieren. Jeder, dem es Probleme bereitet, sich selbst zu lieben, hat auch damit zwangsläufig Probleme. Vergebung öffnet unsere Herzen für die Selbst-Liebe. Viele von uns schleppen über Jahre hinweg alten Groll mit sich herum. Wir suchen die Schuld stets bei den anderen. Ich nenne das: im Gefängnis des selbstgerechten Grolls gefangen sein. Wir haben immer recht. Aber wir sind nie glücklich.

Ich höre schon, wie Sie sagen: »Aber Sie wissen doch gar nicht, was die anderen mir angetan haben. Es ist absolut unverzeihlich.« Wenn wir nicht bereit sind zu vergeben, tun wir uns damit etwas Schreckliches an. Bitterkeit ist, als würden wir täglich einen Löffel Gift schlukken. Sie sammelt sich in uns an und schadet uns. Es ist unmöglich, gesund und frei zu sein, solange wir uns an die Vergangenheit klammern. Der betreffende Vorfall ist lange vorbei. Ja, die anderen haben sich uns gegenüber nicht gut benommen. Trotzdem, es ist vorbei. Wir glauben manchmal, daß wir, wenn wir anderen vergeben, damit zugeben, daß es in Ordnung war, was sie uns antaten.

Eine der wichtigsten spirituellen Lektionen, die wir lernen müssen, ist zu begreifen, daß alle in jeder denkbaren Situation stets gemäß ihres momentanen Erkenntnisstandes ihr Bestes geben. Die Menschen können nur aus dem Verständnis und Bewußtsein heraus handeln, über das sie gegenwärtig verfügen. Jeder, der einen anderen schlecht behandelt, wurde selbst als Kind schlecht behandelt. Je gewalttätiger jemand ist, desto größer ist sein innerer Schmerz. Das soll keine Entschuldigung für schlechtes Benehmen sein. Doch für unser eigenes spirituelles Wachstum ist es erforderlich, daß wir uns des Schmerzes anderer Menschen bewußt werden.

Der Vorfall ist vorbei. Vielleicht schon sehr lange. Lassen Sie ihn los. Gestatten Sie es sich, frei zu sein. Verlassen Sie Ihr Gefängnis und treten Sie hinaus in den Sonnenschein des Lebens. Wenn die problematische Situation noch andauert, fragen Sie sich, warum Sie sich immer noch mit ihr abgeben. Warum bleiben Sie in einer solchen Situation? Der Zweck dieses Buches besteht darin, Ihre Selbstachtung soweit zu erhöhen, daß Sie in Ihrem Leben nur noch liebevolle Erfahrungen zulassen. Verschwenden Sie keine Zeit darauf, mit anderen ›abzurechnen‹. Es gelingt nicht. Was wir geben, kommt stets wieder zu uns zurück. Lassen wir also die Vergangenheit los und arbeiten wir daran, uns selbst im Hier und Jetzt zu lieben. Dann werden wir eine wunderbare Zukunft haben.

Von dem Menschen, dem zu vergeben Ihnen am schwersten fällt, können Sie am meisten lernen. Wenn Sie sich selbst genügend lieben, um sich über die bisherige Situation zu erheben, werden Ihnen Verständnis und Vergebung leichtfallen. Und Sie werden frei sein. Erschreckt die Freiheit Sie? Fühlen Sie sich gebunden an Ihren Groll und Ihre Bitterkeit sicherer?

Spiegelarbeit

Es ist an der Zeit, wieder einmal zu unserem Freund, dem Spiegel, zu gehen. Schauen Sie sich in die Augen, und sagen Sie mit Gefühl: »Ich bin bereit zu vergeben!« Wiederholen Sie das mehrfach.

Was fühlen Sie dabei? Fühlen Sie Widerstreben und Unbehagen? Oder fühlen Sie Bereitschaft und Offenheit?

Achten Sie einfach nur auf Ihre Gefühle. Bewerten Sie sie nicht. Atmen Sie ein paarmal tief durch, und wiederholen Sie die Übung. Fühlen Sie jetzt etwas anderes?

Übung:

Die in Ihrer Familie vorherrschenden Ansichten

1. War Ihre Mutter ein Mensch, der leicht vergibt?

____

____

____

____

____

2. War Ihr Vater ein Mensch, der leicht vergibt?

____

____

____

____

____

3. War Bitterkeit in Ihrer Familie ein Weg, mit Verletzungen umzugehen?

4. Wie pflegte Ihre Mutter mit anderen ›abzurechnen‹?

5. Wie pflegte Ihr Vater mit anderen ›abzurechnen‹?

6. Wie rechnen Sie mit anderen ab?

7. Fühlen Sie sich gut, wenn Sie sich an einem anderen gerächt haben?

8. Warum?

Es ist ein interessantes Phänomen, daß andere Menschen oft reagieren, wenn wir unsere Fähigkeit zur Vergebung entwickeln. Es ist nicht nötig, daß Sie zu der betreffenden Person gehen und ihr sagen, daß Sie ihr vergeben. Manchmal möchten Sie das gern. Aber es muß nicht sein. Die wichtigste Vergebungs-Arbeit geschieht in Ihrem Herzen. Vergebung ist selten für ›sie‹. Sie ist für uns. Die Person, der Sie vergeben müssen, ist möglicherweise bereits tot.

Ich habe von vielen Menschen gehört, daß sie, wenn sie wirklich vergeben hatten, ein oder zwei Monate später einen Anruf oder Brief von dem erhielten, dem ihre Vergebung galt. Das scheint vor allem dann der Fall zu sein, wenn die Vergebung vor einem Spiegel praktiziert wird. Achten Sie bei dieser Übung darauf, wie tief Sie empfinden.

Spiegelarbeit

Spiegelarbeit ist oft unangenehm. Wir möchten uns gerne davor drükken. Wenn Sie vor dem Badezimmerspiegel stehen, ist es viel zu leicht, einfach hinauszurennen. Am besten ist es wohl, wenn Sie sich vor den Spiegel setzen. Ich benutze am liebsten den großen Spiegel im Schlafzimmer. Ich setze mich mit einer Packung Papiertaschentücher bequem davor. Mein Hund sitzt oft neben mir, um mich zu trösten, während ich Spiegelarbeit mache.

Lassen Sie sich bei dieser Übung Zeit, oder wiederholen Sie sie immer wieder. Wir alle kennen viele Menschen, die unsere Vergebung brauchen. Setzen Sie sich vor Ihren Spiegel. Schließen Sie die Augen und atmen Sie ein paarmal tief durch. Denken Sie an die vielen Menschen, die Ihnen in Ihrem Leben wehgetan haben. Lassen Sie sie vor Ihrem inneren Auge vorbeiziehen. Öffnen Sie jetzt die Augen und reden Sie mit einer von ihnen.

Sagen Sie etwa: *»Du hast mich tief verletzt. Doch ich werde die Vergangenheit jetzt nicht mehr festhalten. Ich bin bereit, dir zu vergeben.«* Holen Sie tief Luft und sagen Sie: *»Ich vergebe dir und lasse dich los.«* Atmen Sie wieder tief und sagen Sie: *»Du bist frei, und ich bin frei.«*

Achten Sie darauf, wie Sie sich dabei fühlen. Es kann sein, daß Sie Widerstand spüren, vielleicht fühlen Sie sich aber auch innerlich klar. Wenn Sie Widerstand spüren, sagen Sie: *»Ich bin bereit, alle Widerstände aufzulösen.«*

Vielleicht können Sie an diesem Tag mehreren Menschen vergeben, vielleicht aber auch nur einem einzigen. Das spielt keine Rolle. Tun Sie das, was im Augenblick für Sie das Richtige ist. Vergebung kann sein, als würden Sie eine Zwiebel schälen. Wenn zu viele Tränen fließen, sollten Sie die Zwiebel für einen Tag weglegen. Sie können jederzeit wiederkommen und eine weitere Schicht abschälen. Sie sollten sich schon allein dafür Respekt zollen, daß Sie überhaupt bereit sind, mit dieser Übung zu beginnen.

Erweitern Sie, während Sie diese Übung wiederholen, im Laufe der Zeit den Umfang Ihrer Liste mit Menschen, denen Sie vergeben wollen. Denken Sie an:

Familie
Lehrer
Kinder in der Schule
Partner
Freunde
Arbeitskollegen
staatliche Institutionen oder Amtspersonen
Kirchenvertreter
Krankenhauspersonal
andere Autoritätspersonen
Gott
mich selbst

Das ist das wichtigste, daß Sie sich selbst vergeben. Seien Sie nicht länger hart zu sich selbst. Selbstbestrafung ist unnötig. Sie haben stets getan, was Sie konnten.

Setzen Sie sich wieder mit Ihrer Liste vor den Spiegel. Sagen Sie zu jedem Menschen auf der Liste: »*Ich vergebe dir, daß du*

____.«

Atmen Sie tief durch. »*Ich vergebe dir und gebe dich frei.*«

Gehen Sie alle Personen auf der Liste durch. Wenn Sie bei einer Person keinen Zorn mehr verspüren, streichen Sie sie aus. Wenn Sie noch Zorn verspüren, wenden Sie sich der betreffenden Person später noch einmal zu.

Sie werden während dieser Übung spüren, wie Ihnen große Lasten von den Schultern genommen werden. Sie werden überrascht sein, wenn Sie feststellen, wieviel alten Ballast Sie mit sich herumgeschleppt haben. Gehen Sie sanft mit sich um, während Sie diesen Reinigungsprozeß durchlaufen.

Legen Sie eine Liste an

Hören Sie dazu eine sanfte Musik, die Sie entspannt und in eine friedliche Stimmung bringt. Nehmen Sie jetzt Papier und Stift und lassen Sie Ihre Gedanken wandern. Gehen Sie in die Vergangenheit zurück, und denken Sie an all die Dinge, wegen derer Sie wütend auf sich selbst waren.

Schreiben Sie sie auf. Schreiben Sie sie alle auf. Kann sein, daß Sie dabei entdecken, daß Sie sich nie vergeben haben, in die Hosen gemacht und sich deswegen entsetzlich geschämt zu haben. Und diese Last tragen Sie jetzt schon *so lange* mit sich herum!

Manchmal ist es leichter, anderen zu vergeben, als uns selbst. Wir sind oft streng mit uns und erwarten Vollkommenheit. Für alle Fehler, die wir machen, bestrafen wir uns streng. Es ist an der Zeit, dieses alte Verhalten zu überwinden.

Fehler sind dazu da, aus ihnen zu lernen. Wären wir alle vollkommen, gäbe es nichts zu lernen. Es gäbe keinen Grund für unsere Anwesenheit auf dem Planeten. ›Vollkommen‹ sein zu wollen, bringt uns nicht einmal die Liebe und Anerkennung unserer Eltern ein – wir fühlen uns dadurch nur ›schlecht‹, eben nicht vollkommen genug. Verschaffen Sie sich Erleichterung und hören Sie damit auf, sich so zu behandeln.

Vergeben Sie sich. Lassen Sie los. Geben Sie sich den Raum, spontan und frei zu sein. Es gibt keinen Grund für Scham und Schuldgefühle.

Erinnern Sie sich daran, wie wundervoll es war, als Kind frei herumzutollen.

Gehen Sie hinaus an einen Strand, in einen Park oder wenigstens auf einen leeren Parkplatz und rennen Sie. Joggen Sie nicht. Rennen Sie wild und frei umher – schlagen Sie Purzelbäume – hüpfen Sie herum, und lachen Sie dabei! Haben Sie Spaß mit Ihrem inneren Kind. Was macht es schon, wenn Sie jemand dabei sieht? Sie tun es für Ihre Freiheit!

Nachfolgend finden Sie für jeden negativen Glaubenssatz auf der Checkliste von Seite 131 die passende Affirmation.

Wenn Sie glauben:	**Bejahen Sie:**
Ich werde ihnen niemals vergeben.	*Das ist ein neuer Augenblick. Ich bin frei, loszulassen.*
Was sie getan haben, ist unverzeihlich.	*Ich vergebe ihnen, ob sie es verdienen oder nicht.*
Sie haben mein Leben ruiniert.	*Ich übernehme die Verantwortung für mein Leben. Ich bin frei.*
Sie haben es absichtlich getan.	*Sie haben gehandelt, wie es ihrem damaligen Wissen und Bewußtsein entsprach.*
Ich war noch so klein, und sie haben mir so weh getan.	*Ich bin jetzt erwachsen, und ich kümmere mich liebevoll um mein inneres Kind.*
Sie müssen sich erst entschuldigen.	*Mein spirituelles Wachstum hängt nicht von anderen ab.*
Mein Unmut gibt mir Sicherheit.	*Ich befreie mich aus meinem Gefängnis. Ich bin frei und geborgen.*
Nur schwache Menschen vergeben.	*Ich bin stark, wenn ich vergebe und loslasse.*
Ich bin im Recht, und sie sind im Unrecht.	*Richtig und falsch gibt es nicht. Ich urteile nicht mehr.*
Das ist alles die Schuld meiner Eltern.	*Meine Eltern behandelten mich so, wie sie selbst behandelt wurden. Ich vergebe ihnen, und auch ihren Eltern.*
Ich brauche niemandem zu vergeben.	*Ich schränke mich selbst nicht ein. Ich bin stets bereit, den nächsten Schritt zu tun.*

»Ich gebe mir die Erlaubnis, loszulassen.«

Kraftpunkte

1. Wir alle sind für unsere Erfahrungen selbst verantwortlich.
2. Jeder Gedanke, den wir denken, erschafft unsere Zukunft.
3. Uns allen machen schädliche Muster von Groll, Kritik, Schuldgefühlen und Selbsthaß zu schaffen.
4. Das sind nur Gedanken, und Gedanken lassen sich ändern.
5. Es ist notwendig, die Vergangenheit loszulassen, und allen Menschen zu vergeben.
6. Selbst-Achtung und Selbst-Annahme im ›Jetzt‹ sind die Schlüssel zu positiver Veränderung.
7. Der Kraftpunkt liegt immer im gegenwärtigen Augenblick.

10

ARBEIT

»Es ist schön, meine Kreativität auszudrücken, und von den anderen geschätzt zu werden.«

Arbeits-Checkliste

- ☐ Ich hasse meine Arbeit.
- ☐ Meine Arbeit ist zu stressig.
- ☐ Meine Arbeitskollegen respektieren mich nicht.
- ☐ Ich habe keine beruflichen Aufstiegschancen.
- ☐ Mein Chef nutzt mich aus.
- ☐ Alle erwarten zuviel von mir.
- ☐ Meine Kollegen gehen mir auf die Nerven.
- ☐ An meinem Arbeitsplatz ist Kreativität nicht gefragt.
- ☐ Ich werde nie Erfolg haben.
- ☐ Ich werde schlecht bezahlt.

Wieviel davon klingt ganz nach Ihnen? Sehen wir uns einmal an, wie Sie über Ihren Beruf denken.

Unsere berufliche Tätigkeit ist ein Spiegelbild unserer Selbstachtung und unseres Wertes für die Welt. Einerseits ist Arbeit ein Eintauschen von Zeit und Dienstleistung gegen Geld. Solange wir einer anständigen Arbeit nachgehen, können wir uns selbst achten.

Doch auch *welche* Arbeit wir tun, ist wichtig, denn wir sind alle einzigartige Individuen. Wir möchten das Gefühl haben, einen Beitrag zum Gemeinwohl zu leisten. Wir möchten Gebrauch von unseren Talenten, unserer Intelligenz und unseren kreativen Möglichkeiten machen.

Doch unsere Arbeit kann viele Probleme verursachen. Vielleicht kommen Sie mit Ihrem Chef oder Ihren Kollegen nicht zurecht. Vielleicht haben Sie das Gefühl, daß Ihre Arbeit nicht genügend anerkannt wird. Vielleicht warten Sie vergeblich auf eine Beförderung oder erhalten den gewünschten Arbeitsplatz nicht.

Wie immer die Situation sein mag, in der Sie sich gerade befinden... denken Sie daran, daß Ihr eigenes Denken Sie dorthin gebracht hat. Die Menschen in Ihrer Umgebung spiegeln nur wider, was Sie über sich glauben.

Gedanken lassen sich verändern. Auch Situationen kann man ändern. Aus einem Chef, den wir unerträglich finden, kann unser bester Förderer werden. An einem scheinbar chancenlosen Arbeitsplatz kann sich der Weg für eine Karriere voller Möglichkeiten eröffnen. Der Kollege, über den wir uns so ärgern, kann zu einem Freund werden oder wenigstens zu jemandem, mit dem wir besser auskommen als vorher. Unsere bisher schlechte Bezahlung kann sich in kurzer Zeit deutlich verbessern. Wir könnten eine wunderbare neue Arbeitsstelle finden.

Wenn wir *unser* Denken verändern, gibt es eine unendliche Anzahl von Kanälen. Öffnen wir uns ihnen. Wir müssen bewußt akzeptieren, daß Fülle und Erfüllung von überallher zu uns kommen können. Zuerst ist es vielleicht nur eine kleine Veränderung. Vielleicht gibt Ihnen Ihr Chef eine zusätzliche Aufgabe, bei der Sie Ihre Intelligenz und Ihre Kreativität beweisen können. Oder Sie behandeln einen Ihrer Kollegen einmal nicht mehr so, als wäre er Ihr Feind, wodurch sich sein Verhalten Ihnen gegenüber spürbar verändert. Wie immer die Veränderung aussehen mag, akzeptieren Sie sie und freuen Sie sich darüber. Sie sind nicht allein. Sie *sind* die Veränderung. Die Macht, die Sie erschaffen hat, gab *Ihnen* die Macht, Ihre Erfahrungen selbst zu erschaffen!

Übung:

Die eigene Mitte finden

Nehmen wir uns einen Moment Zeit, um unsere Mitte zu finden. Legen Sie Ihre rechte Hand auf Ihren Bauch. Stellen Sie sich vor, daß diese Zone die Mitte Ihres Seins ist. Atmen Sie. Schauen Sie in den Spiegel und sagen Sie: »Ich lasse jetzt das Bedürfnis los, bei der Arbeit unglücklich zu sein.« Wiederholen Sie das noch zweimal. Sagen Sie es jedesmal auf andere Art. Drücken Sie aus, wie Ihre Bereitschaft, sich zu verändern, wächst.

Übung:

Beschreiben Sie die Menschen in Ihrem Leben

Beschreiben Sie mit zehn Adjektiven:

Ihren Chef	Ihre Kollegen	Ihren Arbeitsplatz
1.		
2.		
3.		
4.		
5.		
6.		
7.		
8.		
9.		
10.		

Übung:

Denken Sie über Ihr Berufsleben nach

1. Wenn Ihnen alle Wege offenstünden, was würden Sie werden wollen?

____

____

____

____

2. Was würden Sie an Ihrem jetzigen Arbeitsplatz gerne verändern?

____

____

____

____

3. Was würden Sie an Ihrem Arbeitgeber gerne ändern?

____

____

____

____

4. Arbeiten Sie in einer angenehmen Umgebung?

5. Wer an Ihrer Arbeitsstelle braucht am meisten Ihre Vergebung?

Spiegelarbeit

Setzen Sie sich vor Ihren Spiegel. Atmen Sie tief durch. Suchen Sie Ihre Mitte. Sprechen Sie jetzt mit der Person an Ihrer Arbeitsstelle, über die Sie sich am meisten ärgern. Sagen Sie ihr, warum Sie sich über sie ärgern. Sagen Sie Ihren Kollegen, wie sehr sie Sie verletzt haben oder Ihnen zu nahe getreten sind. Sagen Sie ihnen alles – verschweigen Sie nichts! Sagen Sie ihnen, welches Verhalten Sie sich in Zukunft von ihnen wünschen. Sagen Sie ihnen, daß Sie ihnen vergeben, nicht so zu sein, wie Sie es gerne hätten.

Machen Sie einen tiefen Atemzug. Bitten Sie um Respekt, und bieten Sie ihnen Ihren Respekt an. Bekräftigen Sie, daß Sie von jetzt an harmonisch zusammenarbeiten können.

Liebevolles Segnen

Liebevolles Segnen ist ein machtvolles Werkzeug, das Sie an jeder Arbeitsstelle einsetzen können. Schicken Sie Ihren Segen voraus, ehe Sie auf der Arbeit eintreffen. Segnen Sie dort liebevoll jeden Mitarbeiter, jeden Raum und jedes Ding. Wenn Sie ein Problem mit einem Kollegen, einem Vorgesetzten oder vielleicht auch nur mit der Raumtemperatur haben, segnen Sie das Problem in Liebe. Bekräftigen Sie, daß zwischen Ihnen und der betreffenden Person oder Situation Einverständnis und vollkommene Harmonie herrschen.

»Zwischen mir, meiner Arbeitsstelle und allen Mitarbeitern herrscht vollkommene Harmonie.«

»Ich arbeite stets in harmonischer Umgebung.«

»Ich ehre und achte alle Mitarbeiter, und sie ehren und achten mich.«

»Ich segne diese Situation in Liebe und weiß, daß Sie sich für alle Beteiligten bestens regelt.«

»Ich segne dich in Liebe und lasse das höchste Gute sich in deinem Leben entfalten.«

»Ich segne diese Arbeit und gebe sie für jemanden frei, der sie liebt. So werde ich frei für eine wunderbare neue Chance.«

Wählen Sie eine dieser Affirmationen für eine entsprechende Situation in Ihrem Berufsalltag aus (oder formulieren Sie sie angemessen um), und wiederholen Sie sie immer wieder. Wiederholen Sie sie jedesmal, wenn Sie an die betreffende Person oder Situation denken. Löschen Sie Ihre diese Situation betreffende negative Gedankenenergie aus. Allein durch Ihr Denken können Sie die Erfahrung verändern.

Übung:

Selbst-Wert im Beruf

Betrachten wir einmal Ihr berufliches Selbstwertgefühl. Schreiben Sie nach der Beantwortung der folgenden Fragen jeweils eine Affirmation (in der Gegenwartsform).

1. Bin ich es wert, einen guten Arbeitsplatz zu haben?

Beispiel:

Manchmal denke ich das. Doch manchmal würde ich mich am liebsten verstecken.

Ihr Beispiel:

Affirmations-Beispiel:

Ich bin stets allen Aufgaben gewachsen.

Ihre Affirmation:

2. Was fürchte ich im beruflichen Bereich am meisten?

Beispiel:

Daß mein Arbeitgeber merkt, daß ich nicht gut bin, mich feuert, und ich keine andere Anstellung finde.

Ihr Beispiel:

Affirmations-Beispiel:

Ich ruhe sicher in meiner Mitte und akzeptiere Vollkommenheit in meinem Leben. Alles ist gut.

Ihre Affirmation:

3. Was ›habe‹ ich von diesem Glaubenssatz?

Beispiel:

Ich erfülle die Erwartungen meiner Kollegen, und mein Chef wird zum Elternersatz.

Ihr Beispiel:

Affirmations-Beispiel:

Mein Bewußtsein erschafft meine Erfahrungen. Ich habe die uneingeschränkte Fähigkeit, in meinem Leben Gutes zu erschaffen.

Ihre Affirmation:

4. Was, befürchte ich, könnte geschehen, wenn ich diesen Glauben aufgebe?

Beispiel:

Ich müßte erwachsen werden.
Ich müßte Verantwortung übernehmen.

Ihr Beispiel:

Affirmations-Beispiel:

Ich weiß, daß ich wertvoll bin. Es ist gut, erfolgreich zu sein.
Das Leben liebt mich.

Ihre Affirmation:

Visualisierung

Was wäre der perfekte Beruf für mich? Nehmen Sie sich einen Moment Zeit, sich selbst in Ausübung dieses Berufes vorzustellen. Sehen Sie sich an Ihrem Arbeitsplatz, sehen Sie Ihre Kollegen, und erspüren Sie, wie es wäre, eine Sie wirklich ausfüllende Arbeit zu tun, für die Sie gut bezahlt werden. Halten Sie an dieser Vision fest, in dem Wissen, daß sie sich in Ihrem Denken bereits erfüllt hat.

Nachfolgend finden Sie für jeden Glaubenssatz auf der Checkliste von Seite 143 die passende Affirmation. Machen Sie diese Affirmationen zu einem festen Bestandteil Ihres Tagesablaufes. Wenden Sie sie bei der Arbeit an, im Auto oder morgens beim Zähneputzen.

Wenn Sie glauben:	**Bejahen Sie:**
Meine Arbeit ist zu stressig.	*Ich bin bei der Arbeit stets entspannt.*
Meine Kollegen respektieren mich nicht.	*Meine Arbeit wird von allen anerkannt.*
Ich habe keine beruflichen Aufstiegschancen.	*Jede Erfahrung wird für mich zu einer Chance.*
Mein Chef nutzt mich aus.	*Ich achte mich und werde geachtet.*
Alle erwarten zuviel von mir.	*Ich bin am rechten Ort und stets sicher und geborgen.*
Meine Kollegen gehen mir auf die Nerven.	*Ich sehe in allen das Beste und helfe ihnen, ihre erfreulichsten Eigenschaften zu leben.*
An meinem Arbeitsplatz ist Kreativität nicht gefragt.	*Mein Denken ist kreativ.*
Ich werde nie Erfolg haben.	*Alles, was ich unternehme, wird ein Erfolg.*
Ich werde schlecht bezahlt.	*Ich bin jetzt offen und bereit für neue Einkommensquellen.*

»Ich gebe mir die Erlaubnis, kreative Erfüllung zu finden.«

Kraftpunkte

1. Wir alle sind für unsere Erfahrungen selbst verantwortlich.
2. Jeder Gedanke, den wir denken, erschafft unsere Zukunft.
3. Uns allen machen schädliche Muster von Groll, Kritik, Schuldgefühlen und Selbsthaß zu schaffen.
4. Das sind nur Gedanken, und Gedanken lassen sich ändern.
5. Es ist notwendig, die Vergangenheit loszulassen, und allen Menschen zu vergeben.
6. Selbst-Achtung und Selbst-Annahme im ›Jetzt‹ sind die Schlüssel zu positiver Veränderung.
7. Der Kraftpunkt liegt immer im gegenwärtigen Augenblick.

11
GELD UND WOHLSTAND

»Ich teile unbegrenzten Wohlstand mit der Welt; ich bin gesegnet.«

Checkliste Geld und Wohlstand

- ☐ Ich kann kein Geld sparen.
- ☐ Ich verdiene nicht genug.
- ☐ Ich habe zuviel Schulden.
- ☐ Das Geld rinnt mir durch die Finger.
- ☐ Alles ist so teuer.
- ☐ Warum haben alle anderen Geld?
- ☐ Ich kann meine Rechnungen nicht bezahlen.
- ☐ Ich stehe kurz vor der Pleite.
- ☐ Ich kann nichts fürs Alter sparen.
- ☐ Ich kann mich nicht von meinem Geld trennen.

Wieviel davon klingt ganz nach Ihnen? Wenn Sie drei oder mehr dieser Sätze angekreuzt haben, sollten Sie an Ihren Geld-Problemen arbeiten.

Was glauben Sie über das Geld? Glauben Sie, daß es genug davon gibt? Machen Sie Ihren Selbstwert vom Geld abhängig? Glauben Sie, daß Sie sich damit Ihre Herzenswünsche erfüllen können? Betrachten Sie das Geld als Ihren Freund oder als Ihren Feind? Es genügt nicht, immer mehr Geld zu besitzen. Wir müssen lernen, daß es uns zusteht, Wohlstand zu besitzen und zu *genießen.*

Viel Geld zu besitzen garantiert noch keinen Wohlstand. Menschen, die über viel Geld verfügen, können dennoch in geistiger Armut leben. Sie haben möglicherweise mehr Angst vor Armut als jemand, der draußen auf der Straße lebt.

Es kann sein, daß sie nicht die Fähigkeit besitzen, ihr Geld zu genießen und in einer Welt der Fülle zu leben. Sokrates, der große Philosoph, sagte einmal: »Zufriedenheit ist natürlicher Reichtum, Luxus ist künstliche Armut.«

Wie ich schon oft gesagt habe, hängt Ihr Wohlstands-Bewußtsein nicht vom Geld ab; daß Ihnen Geld reichlich zufließt, hängt im Gegenteil von Ihrem Wohlstands-Bewußtsein ab.

Unser Streben nach Geld *muß* zu unserer Lebensqualität beitragen. Wenn nicht, wenn wir die Arbeit, die wir tun, um Geld zu verdienen, hassen, dann ist das Geld für uns nutzlos. Wohlstand bemißt sich nicht nur nach der Geldmenge, die wir besitzen, sondern nach der *Qualität* unseres Lebens.

Wohlstand läßt sich nicht allein über Geld definieren; er schließt auch Zeit, Liebe, Erfolg, Freude, Bequemlichkeit, Schönheit und Weisheit ein. Armut kann sich zum Beispiel auch in einem Mangel an Zeit ausdrücken. Wenn Sie sich abgehetzt und unter Zeitdruck fühlen, dann sind Sie arm an Zeit. Wenn Sie aber alle Zeit zur Verfügung haben, die Sie brauchen, um alle Ihre Aufgaben zu erledigen, und sicher sind, daß Sie Ihre Arbeit in Ruhe beenden können, dann sind Sie wohlhabend, was Ihre Zeit betrifft.

Oder wie ist es mit dem Erfolg? Glauben Sie, daß er außerhalb Ihrer Reichweite liegt? Oder glauben Sie, daß Sie auf Ihre Art ein Erfolg sein können? Wenn ja, dann sind Sie Erfolg-reich.

Denken Sie daran: Was Sie auch glauben mögen, Sie können diesen Glauben *jetzt* verändern. Die Macht, die Sie erschuf, gab *Ihnen* die Macht, Ihre eigenen Erfahrungen zu erschaffen. Sie können sich verändern!

Spiegelarbeit

Stehen Sie auf, breiten Sie die Arme aus, und sagen Sie: *»Ich bin offen und empfänglich für alles Gute.«* Wie fühlen Sie sich dabei?

Schauen Sie jetzt in den Spiegel, und wiederholen Sie den Satz mit mehr Gefühl.

Welche Gefühle steigen dabei in Ihnen auf? Fühlen Sie sich befreit und froh, oder würden Sie sich am liebsten verstecken?

Atmen Sie tief durch, und sagen Sie wieder: *»Ich bin offen und empfänglich für*

____ .«

(Setzen Sie hier ein, was Sie sich wünschen.) Machen Sie diese Übung jeden Morgen. Das ist eine wunderbare symbolische Geste, durch die Sie Ihr Wohlstands-Bewußtsein steigern und mehr Gutes in Ihr Leben bringen.

Übung:

Was Sie in bezug auf das Geld fühlen

Schauen wir uns einmal Ihr Selbstwertgefühl in diesem Bereich an. Beantworten Sie die folgenden Fragen, so gut es geht.

1. Gehen Sie wieder zum Spiegel. Schauen Sie sich in die Augen, und sagen Sie: »Was das Geld betrifft, fürchte ich am meisten…« Schreiben Sie die Antwort auf.

____

____

____

____

____

2. Was haben Sie als Kind über das Geld gelernt?

____

____

____

____

____

3. Sind Ihre Eltern in der Zeit der Depression großgeworden? Wie dachten sie über das Geld?

____

____

____

____

4. Wie wurde in Ihrer Familie mit Geld umgegangen?

____

____

____

____

____

5. Wie gehen Sie heute mit Geld um?

____

____

____

____

____

6. Was würden Sie an Ihrem Geld-Bewußtsein gerne verändern?

____

____

____

____

____

Übung:
Ihr Geld-Bewußtsein

Betrachten wir Ihr Selbstwertgefühl im finanziellen Bereich. Beantworten Sie die folgenden Fragen, so gut es geht. Denken Sie sich für jeden negativen Glaubenssatz eine geeignete Affirmation in der Gegenwartsform aus.

1. Bin ich es wert, Geld zu haben und zu genießen?

Beispiel:

Nicht wirklich. Wenn ich einmal Geld habe, bin ich es rasch wieder los.

Ihr Beispiel:

Affirmations-Beispiel:

Ich segne das Geld, das ich besitze.
Es ist gut, Geld zu sparen und für mich arbeiten zu lassen.

Ihre Affirmation:

2. Was fürchte ich im finanziellen Bereich am meisten?

Beispiel:

Ich fürchte, daß ich ewig pleite bin.

Ihr Beispiel:

Affirmations-Beispiel:

Ich akzeptiere jetzt grenzenlose Fülle in einem grenzenlosen Universum der Möglichkeiten.

Ihre Affirmation:

3. Was ›habe‹ ich von diesem Glaubenssatz?

Beispiel:

Ich bleibe arm, und andere werden für mich sorgen.

Ihr Beispiel:

Affirmations-Beispiel:

Ich beanspruche meine Eigenmacht und erschaffe liebevoll meine Realität. Ich vertraue dem Lebensprozeß.

Ihre Affirmation:

4. Was, befürchte ich, könnte geschehen, wenn ich diesen Glauben aufgebe?

Beispiel:

Niemand würde mich lieben und für mich sorgen.

Ihr Beispiel:

Affirmations-Beispiel:

Ich ruhe sicher im Universum, und alles Leben liebt und unterstützt mich.

Ihre Affirmation:

Übung:

Wie Sie mit Ihrem Geld umgehen

Schreiben Sie drei Dinge auf, die Sie an Ihrem Umgang mit Geld kritikwürdig finden. Vielleicht machen Sie ständig Schulden, können kein Geld sparen oder Ihr Geld nicht genießen.

Denken Sie dann bei jedem der drei Fälle an ein Beispiel, wo Sie das unerwünschte Verhalten einmal *nicht* an den Tag gelegt haben.

Beispiele:

Ich kritisiere mich dafür, *daß ich zwanghaft Geld ausgebe und ständig Schulden habe. Ich kann meine Ausgaben irgendwie nicht senken.*

Ich lobe mich dafür, *daß ich heute pünktlich die Telefonrechnung bezahlt habe.*

Ich kritisiere mich dafür, *daß ich jeden Pfennig spare, den ich verdiene. Ich kann mich nicht von meinem Geld trennen.*

Ich lobe mich dafür, *daß ich ein Hemd gekauft habe, das* nicht *im Preis heruntergesetzt war. Ich habe mir heute etwas geleistet, das ich mir wirklich gewünscht habe.*

1. Ich kritisiere mich dafür,

____

____

____

____

____

Ich lobe mich dafür,

____

____

____

____

____

2. Ich kritisiere mich dafür,

____

____

____

____

____

Ich lobe mich dafür,

3. Ich kritisiere mich dafür,

Ich lobe mich dafür,

Visualisierung 1

Legen Sie die Hand auf Ihr Herz, atmen Sie ein paarmal tief durch, und entspannen Sie sich. Visualisieren Sie, wie Sie das tun, was Sie an Ihrem Umgang mit Geld am meisten stört. Vielleicht haben Sie sich Geld geliehen, das Sie nicht zurückzahlen konnten, etwas gekauft, das Sie sich nicht leisten konnten, oder Konkurs angemeldet. Sehen Sie sich in dieser Situation – *lieben Sie diese Person.* Bedenken Sie, daß Sie nur getan haben, was Ihrem damaligen Wissen, Ihrer damaligen Bewußtheit entsprach. *Lieben Sie diese Person.* Sehen Sie, wie Sie sich in einer Weise benehmen, die Ihnen heute peinlich wäre, und *lieben Sie diese Person.*

Visualisierung 2

Wie wäre es, wenn Sie alles hätten, das Sie sich immer gewünscht haben? Welche Dinge würden Sie besitzen? Wohin würden Sie reisen? Was würden Sie tun? Fühlen Sie es. Genießen Sie es. Seien Sie kreativ, und FREUEN SIE SICH.

Nachfolgend finden Sie die passenden Affirmationen zu den Glaubenssätzen der Checkliste von Seite 157. Machen Sie diese Affirmationen zu einem festen Bestandteil Ihres Tagesablaufes. Wenden Sie sie bei der Arbeit an, im Auto oder morgens beim Zähneputzen.

Wenn Sie glauben:	**Bejahen Sie:**
Ich kann kein Geld sparen.	*Ich habe stets ein gefülltes Konto.*
Ich verdiene nicht genug.	*Mein Einkommen wächst stets.*
Ich habe zuviel Schulden.	*Meine Schulden werden immer weniger.*
Das Geld rinnt mir durch die Finger.	*Ich gebe mein Geld weise aus.*
Alles ist so teuer.	*Ich habe stets alles, was ich brauche.*
Warum haben alle anderen Geld?	*Ich habe so viel Geld, wie ich akzeptieren kann.*
Ich kann meine Rechnungen nicht bezahlen.	*Ich segne alle meine Rechnungen. Ich bezahle sie zur rechten Zeit.*
Ich stehe kurz vor der Pleite.	*Ich bin stets finanziell gesichert.*
Ich kann nichts fürs Alter sparen.	*Ich sorge für mein Altenteil vor.*
Ich kann mich nicht von meinem Geld trennen.	*Ich erfreue mich an jeder Mark, die ich ausgebe.*

»Ich gebe mir die Erlaubnis, wohlhabend zu sein.«

Kraftpunkte

1. Wir alle sind für unsere Erfahrungen selbst verantwortlich.
2. Jeder Gedanke, den wir denken, erschafft unsere Zukunft.
3. Uns allen machen schädliche Muster von Groll, Kritik, Schuldgefühlen und Selbsthaß zu schaffen.
4. Das sind nur Gedanken, und Gedanken lassen sich ändern.
5. Es ist notwendig, die Vergangenheit loszulassen, und allen Menschen zu vergeben.
6. Selbst-Achtung und Selbst-Annahme im ›Jetzt‹ sind die Schlüssel zu positiver Veränderung.
7. Der Kraftpunkt liegt immer im gegenwärtigen Augenblick.

12
FREUNDE

»Ich bin mein Freund.«

Freundschafts-Checkliste

- ☐ Meine Freunde unterstützen mich nicht.
- ☐ Alle kritisieren mich ständig.
- ☐ Niemand sieht die Dinge wie ich.
- ☐ Meine Privatsphäre wird nicht respektiert.
- ☐ Ich kann keine dauerhaften Freundschaften aufbauen.
- ☐ Ich kann mich meinen Freunden nicht wirklich öffnen.
- ☐ Die Ratschläge, die ich meinen Freunden gebe, sind doch nur gut gemeint.
- ☐ Ich weiß nicht, wie man ein guter Freund ist.
- ☐ Ich kann meine Freunde nicht um Hilfe bitten.
- ☐ Ich kann meinen Freunden gegenüber nicht ›nein‹ sagen.

Wieviel davon klingt ganz nach Ihnen? Mal sehen, ob es uns nicht gelingt, die Qualität Ihrer Freundschaften zu verbessern. Freundschaften können unsere dauerhaftesten und wichtigsten zwischenmenschlichen Beziehungen sein. Wir können ohne Liebes- oder Ehepartner leben. Wir können ohne Verwandte leben, aber niemals können wir ohne Freunde glücklich werden. Ich glaube, daß wir uns unsere Eltern schon aussuchen, ehe wir auf diesem Planeten geboren werden, doch unsere Freunde suchen wir uns auf einer bewußteren Ebene aus.

Ralph Waldo Emerson, der große amerikanische Philosoph und Autor, schrieb einen Essay über Freundschaft, den er ›Der Nektar der Götter‹ nannte. Er schrieb, daß in einer romantischen Beziehung die eine Person stets versucht, die andere nach ihren Wünschen zu verändern. Freunde dagegen können einen Schritt zurück machen und einander mit Wertschätzung und Respekt betrachten.

Freunde können eine Erweiterung oder ein Ersatz für die Kernfamilie sein. Wir alle haben ein großes Bedürfnis, Lebenserfahrungen mit anderen zu teilen. In Freundschaften lernen wir nicht nur andere Menschen besser kennen, wir lernen auch uns selbst besser kennen. In diesen Beziehungen spiegeln sich unser Selbstwertgefühl und unsere Selbstachtung wider. Sie bieten uns eine ausgezeichnete Möglichkeit, herauszufinden, in welchen Bereichen wir wachsen müssen.

Wenn zwischen Freunden Spannungen auftreten, geben sie Anlaß, negative Gedankenmuster aus unserer Kindheit aufzuspüren. Es könnte an der Zeit für einen geistigen Hausputz sein. Wenn Sie nach einem Leben voller negativer Botschaften Ihr geistiges Haus säubern, ist das, als würden Sie sich plötzlich auf gesunde Ernährung umstellen, nachdem Sie sich ein Leben lang fehlernährt haben. Nach der Ernährungsumstellung wird der Körper giftige Schlacken ausscheiden, und für ein oder zwei Tage werden Sie sich schlechter fühlen.

So ist es auch, wenn Sie sich entschließen, Ihre Denkmuster zu verändern. Es kann sein, daß sich Ihre Situation zunächst vorübergehend verschlechtert. Doch denken Sie daran! Sie müssen sich vielleicht durch eine Menge vertrocknetes Unkraut wühlen, bis Sie auf die reiche Erde darunter stoßen. Aber Sie können es schaffen! Ich weiß es!

Übung:

Ihre Freundschaften

Schreiben Sie in die folgenden Leerzeilen dreimal die Affirmation:

»Ich bin bereit, die Muster in mir loszulassen, die Probleme mit meinen Freunden verursachen.«

1. Wie waren die ersten Freundschaften in Ihrer Kindheit?

2. Wie ähneln Ihre heutigen Freundschaften diesen Kinderfreundschaften?

Beispiel:

Ich habe es immer zugelassen, daß meine Freunde mich herumkommandieren. Ich suche mir heute immer noch solche Freunde.

3. Was haben Sie von Ihren Eltern über Freundschaft gelernt?

4. Mit was für Menschen waren Ihre Eltern befreundet?

____

____

____

____

____

____

5. Mit was für Menschen möchten Sie in Zukunft befreundet sein? Beschreiben Sie sie möglichst genau.

____

____

____

____

____

____

____

Schauen wir uns einmal unser Selbstwertgefühl auf dem Gebiet der Freundschaft an. Beantworten Sie die folgenden Fragen. Schreiben Sie zu jeder Antwort eine positive Affirmation (in der Gegenwartsform), um den alten Glaubenssatz zu ersetzen.

1. Fühle ich mich im Bereich der Freundschaft wertvoll?

Beispiel:

Nein. Warum sollte mich jemand in seiner Nähe haben wollen?

Ihr Beispiel:

____

____

____

____

____

Affirmations-Beispiel:

Ich liebe und akzeptiere mich, und ich ziehe Freunde magnetisch an.

Ihre Affirmation:

____

____

____

____

____

2. Wovor habe ich, was Freundschaft angeht, die meiste Angst?

Beispiel:

Ich fürchte mich vor Verrat. Ich traue anderen nicht.

Ihr Beispiel:

Affirmations-Beispiel:

Ich vertraue mir, ich vertraue dem Leben, und ich vertraue meinen Freunden.

Ihre Affirmation:

3. Was ›habe‹ ich von diesem Glaubenssatz?

Beispiel:

Ich kann über andere urteilen. Ich warte darauf, daß meine Freunde etwas falsch machen, damit ich es ihnen vorhalten kann.

Ihr Beispiel:

Affirmations-Beispiel:

Alle meine Freundschaften sind erfolgreich.
Ich bin ein liebender und fördernder Freund.

Ihre Affirmation:

4. Was, befürchte ich, könnte geschehen, wenn ich diesen Glauben aufgebe?

Beispiel:

Ich würde die Kontrolle verlieren.
Die Menschen würden mich wirklich kennenlernen.

Ihr Beispiel:

Affirmations-Beispiel:
Andere zu lieben ist leicht, wenn ich mich selbst liebe und akzeptiere.

Ihre Affirmation:

Wenn wir alle für die Erfahrungen in unserem Leben selbst verantwortlich sind, dann gibt es niemanden, dem wir die Schuld geben könnten. Was auch immer ›dort draußen‹ geschieht, es ist nur ein Spiegelbild unseres Denkens.

Übung:

Denken Sie über Ihre Freunde nach

Denken Sie an drei Ereignisse in Ihrem Leben, wo Sie das Gefühl hatten, von Freunden schlecht behandelt oder mißbraucht worden zu sein. Vielleicht mißbrauchte ein Freund Ihr Vertrauen oder ließ Sie im Stich, als Sie auf ihn angewiesen waren. Vielleicht spannte er Ihnen einen Partner bzw. eine Partnerin aus.

Nennen Sie jeweils den Vorfall, und schreiben Sie einige Ihrer bewußten Gedanken auf, die diesem Vorfall vorausgingen.

Beispiel:

Als ich sechzehn war, fiel mir meine beste Freundin Susie in den Rücken und verbreitete Lügen über mich. Als ich sie zur Rede stellen wollte, belog sie mich. Danach stand ich während des ganzen letzten Schuljahres ohne Freunde da.

Meine geheimsten Gedanken waren:

Ich verdiene keine Freunde. Ich fühlte mich von Susie angezogen, weil sie kalt und kritisch war. Ich war es gewöhnt, gescholten und kritisiert zu werden.

1. Der Vorfall:

Meine geheimsten Gedanken waren:

2. Der Vorfall:

Meine geheimsten Gedanken waren:

3. Der Vorfall:

Meine geheimsten Gedanken waren:

Übung:

Hilfe von Ihren Freunden

Denken Sie an drei Ereignisse in Ihrem Leben, wo Sie von Freunden Unterstützung erfuhren. Vielleicht setzte sich ein guter Freund für Sie ein oder half Ihnen in einer Notlage mit Geld aus. Oder Freunde halfen Ihnen dabei, eine schwierige Situation zu meistern.

Nennen Sie jeweils den Vorfall, und schreiben Sie einige Ihrer bewußten Gedanken auf, die diesem Vorfall vorausgingen.

Beispiel:

Ich werde nie Helen vergessen. Als die Leute an meiner ersten Arbeitsstelle sich über mich lustig machten, weil ich auf einer Besprechung etwas Dummes gesagt hatte, stand Helen zu mir. Sie half mir, meine Verlegenheit zu überwinden, so daß ich den Arbeitsplatz behielt.

Damals dachte ich:

Auch wenn ich einen Fehler mache, wird mir immer jemand beistehen. Ich verdiene Unterstützung. Frauen unterstützen mich.

1. Der Vorfall:

Damals dachte ich:

2. Der Vorfall:

Damals dachte ich:

3. Der Vorfall:

Damals dachte ich:

Lob und Anerkennung

Welche Freunde brauchen meine Anerkennung?

Nehmen Sie sich einen Augenblick Zeit, um sie zu visualisieren. Schauen Sie der jeweiligen Person in die Augen, und sagen Sie: »Ich danke dir und segne dich mit Liebe dafür, daß du da warst, als ich dich brauchte. Möge dein Leben voller Freude sein.«

Visualisierung zum Abbau von Ärger

Welchen Freunden sollten Sie vergeben?

Nehmen Sie sich einen Augenblick Zeit, um sie zu visualisieren. Schauen Sie jetzt der betreffenden Person in die Augen, und sagen Sie: »Ich vergebe dir, daß du dich nicht so verhalten hast, wie ich es wollte. Ich vergebe dir und gebe dich frei.«

Nachfolgend finden Sie zu den negativen Glaubenssätzen von Seite 173 die passenden Affirmationen. Machen Sie diese Affirmationen zu einem Teil Ihrer täglichen Gebetspraxis. Wenden Sie sie im Auto an, bei der Arbeit oder morgens vor dem Badezimmerspiegel.

Wenn Sie glauben:	**Bejahen Sie:**
Meine Freunde unterstützen mich nicht.	*Meine Freunde lieben und unterstützen mich.*
Alle kritisieren mich ständig.	*Die Welt ist sicher, und alles Leben liebt und stützt mich.*
Niemand sieht die Dinge wie ich.	*Ich bin allen Meinungen gegenüber aufgeschlossen.*
Meine Privatsphäre wird nicht respektiert.	*Ich respektiere andere Menschen, und sie respektieren mich.*
Ich kann keine dauerhaften Freundschaften aufbauen.	*Meine Liebe und Offenheit lassen dauerhafte Freundschaften entstehen.*
Ich kann mich meinen Freunden nicht wirklich öffnen.	*Offenheit ist sicher und ungefährlich.*
Die Ratschläge, die ich meinen Freunden gebe, sind doch immer nur gut gemeint.	*Meine Freunde und ich sind völlig frei, ganz wir selbst zu sein.*
Ich weiß nicht, wie man ein guter Freund ist.	*Ich lasse mich von meiner inneren Weisheit führen.*
Ich kann meine Freunde nicht um Hilfe bitten.	*Ich bin frei, um das zu bitten, was ich mir wünsche.*
Ich kann meinen Freunden gegenüber nicht ›nein‹ sagen.	*Ich löse mich von allen Beschränkungen und drücke mich frei aus.*

»Ich gebe mir die Erlaubnis, ein Freund zu sein.«

Kraftpunkte

1. Wir sind alle für unsere Erfahrungen selbst verantwortlich.
2. Jeder Gedanke, den wir denken, erschafft unsere Zukunft.
3. Uns allen machen schädliche Muster von Groll, Kritik, Schuldgefühlen und Selbsthaß zu schaffen.
4. Das sind nur Gedanken, und Gedanken lassen sich ändern.
5. Es ist notwendig, die Vergangenheit loszulassen, und allen Menschen zu vergeben.
6. Selbst-Achtung und Selbst-Annahme im ›Jetzt‹ sind die Schlüssel zu positiver Veränderung.
7. Der Kraftpunkt liegt immer im gegenwärtigen Augenblick.

13
SEXUALITÄT

»Ich bin im Frieden mit meiner Sexualität.«

Checkliste Sexualität

- ☐ Ich fürchte mich vor Sex.
- ☐ Sex ist schmutzig.
- ☐ Geschlechtsorgane machen mir Angst.
- ☐ Ich bekomme nicht, was ich mir wünsche.
- ☐ Meine Geschlechtsorgane haben nicht die richtige Form und Größe.
- ☐ Ich schäme mich meiner Sexualität.
- ☐ Mein Körper wird meinem Partner nicht gefallen.
- ☐ Ich fürchte mich vor Geschlechtskrankheiten.
- ☐ Ich bin nicht gut genug.
- ☐ Sex ist schmerzhaft.

Wieviel davon klingt ganz nach Ihnen? Wenn Sie drei oder mehr Aussagen angekreuzt haben, sollten Sie sich mit diesem Bereich beschäftigen.

Sex ist für viele Leute ein schwieriges Thema. Viele beklagen sich darüber, daß sie zuviel oder zuwenig bekommen. Sex bedroht sie, motiviert sie, macht sie wahnsinnig und dient als Fluchtmöglichkeit. Er kann sanft, liebevoll, freudig, schmerzhaft, explosiv, wunderbar, erfüllend oder demütigend sein.

Oft setzen die Leute Sex mit Liebe gleich, oder sie müssen ineinander verliebt sein, um Sex zu haben. Viele von uns wuchsen in dem Glauben auf, daß Sex außerhalb der Ehe Sünde sei, oder daß Sex der Fortpflanzung und nicht der Freude zu dienen habe. Manche Menschen haben sich gegen diese Vorstellung aufgelehnt und denken, daß Sex nichts mit Liebe zu tun hat.

Die meisten unserer Glaubensvorstellungen über Sex lassen sich bis in unsere Kindheit und zu unseren Ideen über Gott und Religion zurückverfolgen. Die meisten von uns wuchsen mit jenem Konzept auf, das ich ›Mamas Gott‹ nenne, mit dem also, was Ihnen Ihre Mutter über Gott beibrachte, als Sie klein waren. Das ist oft die Vorstellung von Gott als einem alten Mann mit Bart. Dieser alte Mann sitzt auf einer Wolke, starrt den Leuten auf ihre Genitalien und wartet darauf, daß jemand sündigt.

Denken Sie einen Moment über die ungeheure Größe des Universums nach. Wie vollkommen das alles ist! Denken Sie an die Größe der Intelligenz, die das alles erschaffen hat. Ich kann mir einfach nicht vorstellen, daß diese göttliche Intelligenz einem prüden alten Mann ähneln soll, der *meine* Genitalien überwacht.

Als Kleinkinder wußten wir, wie perfekt unsere Körper sind, und wir liebten unsere Sexualität. Kleinkinder schämen sich ihrer selbst nicht. *Kein Baby würde je auf die Idee kommen, seinen Selbstwert von seinem Hüftumfang abhängig zu machen.*

Wir müssen uns von Bildern und Glaubenssätzen lösen, die uns nicht fördern und unterstützen. Ich glaube, daß die sexuelle Revolution in den späten sechziger Jahren viele gute Seiten hatte. Wir wurden von vieler Heuchelei befreit. Wenn Menschen plötzlich von Beschränkungen befreit werden, ›flippen‹ sie natürlich erst einmal für eine Weile aus. Schließlich wird das Pendel aber wieder zurückschwingen, bis ein Gleichgewicht erreicht ist – in der Mitte zwischen Wildheit und Unterdrückung. Ich glaube, daß Sex als ein freudiger, liebevoller Akt gedacht ist, und solange unsere Herzen offen sind, und wir wirklich auf uns selbst achtgeben, werden wir dabei weder uns selbst noch anderen Schaden zufügen. Doch Sex kann auch eine Form des Mißbrauchs sein und Ausdruck eines geringen Selbstwertgefühls. Wenn wir immer wieder neue Partner brauchen, um uns so ständig unseren Wert zu beweisen, oder wenn Untreue für uns zu einer Lebensart wird, dann sollten wir unser Denken überprüfen.

Visualisierung

Bevor Sie die folgenden Fragen beantworten, sollten Sie sich hinlegen oder bequem hinsetzen. Schließen Sie die Augen und legen Sie beide Hände auf Ihr Herz. Visualisieren Sie Licht und sagen Sie laut: »*Ich bin bereit, die Liebe hereinzulassen.*« Spüren Sie, wie die Energie in Ihr Herz fließt. Warten Sie ein paar Minuten, wiederholen Sie dann die Übung mehrfach, öffnen Sie die Augen und sagen Sie: »*Alles ist gut.*«

Beantworten Sie die folgenden Fragen, so gut es geht.

1. Was haben Sie als Kind über Sex gelernt?

____

____

____

____

____

2. Was haben Ihnen Ihre Eltern über den menschlichen Körper beigebracht? War er schön, oder war er etwas, dessen man sich schämen mußte?

3. Was wurde in der Schule oder in der Kirche über Sex gesagt? War er eine Sünde, für die man bestraft wurde?

4. Wie wurden Ihre Genitalien genannt? Oder waren sie nur etwas ›da unten‹?

**5. Glauben Sie,
daß Ihre Eltern ein erfülltes Sexualleben hatten?**

**6. Inwieweit ähneln Ihre Vorstellungen über Sex
denen Ihrer Eltern?**

7. Inwieweit unterscheiden sie sich?

8. Was ›dachte‹ Gott über Sex, als Sie klein waren?

9. Setzen Sie Sex mit Liebe gleich?

10. Wie fühlen Sie sich während des Geschlechtsverkehrs? Fühlen Sie sich liebevoll und sanft? Fühlen Sie sich mächtig? Haben Sie Schuldgefühle?

11. Haben Sie je sich selbst oder einen anderen sexuell mißbraucht?

12. Sind Sie selbst je sexuell mißbraucht worden?

13. Wenn Sie in Ihrem Leben im sexuellen Bereich etwas verändern könnten, was wäre das?

Spiegelarbeit

Schauen Sie jetzt in den Spiegel, in Ihre Augen, und sagen Sie: »*Ich bin bereit, meinen Körper und meine Sexualität zu lieben.*« Sagen Sie das dreimal, jedesmal mit mehr Bedeutung und Gefühl. Beantworten Sie dann die folgenden Fragen:

1. Was sind Ihre negativsten Gedanken über Ihren Körper?

____

____

____

____

2. Woher kommen diese Gedanken?

____

____

____

____

3. Sind Sie bereit, sie loszulassen? ☐ Ja ☐ Nein

Jetzt wollen wir uns mit Ihrem Selbstwertgefühl beschäftigen. Beantworten Sie die folgenden Fragen, und finden Sie zu jeder eine passende Affirmation.

1. Verdiene ich es, mich an meiner Sexualität zu erfreuen?

Beispiel:

Nein. Ich mag das Aussehen meines Körpers nicht.
Ich möchte den Sex immer schnell hinter mich bringen.
Ich finde mich häßlich.

Ihr Beispiel:

____

____

____

____

Affirmations-Beispiel:

Ich liebe und achte meinen schönen Körper.
Seine Form und sein Gewicht sind völlig in Ordnung.
Ich erfreue mich an meinerSexualität.

Ihre Affirmation:

____

____

____

____

2. Was fürchte ich im sexuellen Bereich am meisten?

Beispiel:

Ich fürchte, ausgelacht zu werden.
Ich fürchte, etwas falsch zu machen, oder nicht zu wissen, was ich tun muß.
Ich fürchte mich davor, mich schmutzig zu fühlen.

Ihr Beispiel:

____

____

____

____

Affirmations-Beispiel:

Meine Sexualität ist eine wunderbare Gabe.
Ich liebe es, kreativ zu sein. Ich bin geborgen.

Ihre Affirmation:

____

____

____

____

3. Was habe ich von diesem Glaubenssatz?

Beispiel:

Ich schütze mich. Ich fühle mich sicher.
Ich will nicht, daß mir ein anderer mit seinen Genitalien zu nahe kommt.
Ich habe Angst vor Genitalien.

Ihr Beispiel:

____

____

____

____

Affirmations-Beispiel:

Es ist sicher, ich selbst zu sein. Ich liebe meinen ganzen Körper.
Der Fluß des Lebens schützt mich.

Ihre Affirmation:

____

____

____

____

4. Was, befürchte ich, könnte geschehen, wenn ich diesen Glauben aufgebe?

Beispiel:

Ich fürchte, daß ich die Kontrolle verliere.
Ich fürchte, daß ich mich verlieren würde.
Es würde kein ›ich‹ mehr geben.

Ihr Beispiel:

____

____

____

____

Affirmations-Beispiel:

In allen Situationen bin ich immer ich selbst.
Ich erfreue mich an meiner Individualität.

Ihre Affirmation:

____

____

____

____

Wenn Sie glauben:	**Bejahen Sie:**
Ich fürchte mich vor Sex.	*In völliger Sicherheit erkunde ich meine Sexualität.*
Sex ist schmutzig.	*Sex ist sanft, liebevoll und eine Freude.*
Geschlechtsorgane machen mir Angst.	*Geschlechtsorgane sind normal, natürlich und schön.*
Ich bekomme nicht, was ich mir wünsche.	*Ich bin stets sexuell ausgefüllt und befriedigt.*
Meine Genitalien haben nicht die richtige Form und Größe.	*Meine Genitalien sind vollkommen.*
Ich schäme mich meiner Sexualität.	*Ich löse mich von einschränkenden Glaubenssätzen und akzeptiere mich voll und ganz.*
Ich kann meine Wünsche nicht artikulieren.	*Ich drücke meine Wünsche mit Freude und frei aus.*
Gott will nicht, daß ich Geschlechtsverkehr habe.	*Gott hat meine Sexualität erschaffen und billigt sie.*
Mein Körper wird meinem Partner nicht gefallen.	*Mein Partner spiegelt die Liebe wider, die ich für meinen Körper empfinde.*
Ich fürchte mich vor Geschlechtskrankheiten.	*Göttlicher Schutz und göttliche Führung begleiten mich.*
Ich bin nicht gut genug.	*Ich liebe mich und meine Sexualität. Ich bin im Frieden.*
Sex ist schmerzhaft.	*Sanft gehen ich und mein Partner mit meinem Körper um.*

»Ich gebe mir die Erlaubnis, mich an meinem Körper zu freuen.«

Zu jedem Glaubenssatz aus der Checkliste von Seite 191 finden Sie nachfolgend eine passende Affirmation. Machen Sie diese Affirmationen zu einem festen Bestandteil Ihres Tagesablaufes. Wenden Sie sie oft im Auto an, bei der Arbeit oder immer dann, wenn Ihre negativen Glaubenssätze in Ihnen hochsteigen.

Kraftpunkte

1. Wir alle sind für unsere Erfahrungen selbst verantwortlich.
2. Jeder Gedanke, den wir denken, erschafft unsere Zukunft.
3. Uns allen machen schädliche Muster von Groll, Kritik, Schuldgefühlen und Selbsthaß zu schaffen.
4. Das sind nur Gedanken, und Gedanken lassen sich ändern.
5. Es ist notwendig, die Vergangenheit loszulassen, und allen Menschen zu vergeben.
6. Selbst-Achtung und Selbst-Annahme im ›Jetzt‹ sind die Schlüssel zu positiver Veränderung.
7. Der Kraftpunkt liegt immer im gegenwärtigen Augenblick.

14

LIEBE UND NÄHE

»Liebe umgibt mich.
Ich liebe, bin liebenswert und werde geliebt.«

Checkliste Liebe und Nähe

- ☐ Ich fürchte mich davor, abgelehnt zu werden.
- ☐ Liebe ist nie von Dauer.
- ☐ Ich fühle mich wie in einer Falle.
- ☐ Liebe macht mir Angst.
- ☐ Ich muß alles so machen, wie *sie* wollen.
- ☐ Wenn ich mich um mich selbst kümmere, werden sie mich verlassen.
- ☐ Ich bin eifersüchtig.
- ☐ Ich kann nicht ich selbst sein.
- ☐ Ich bin nicht gut genug.
- ☐ Ich will nicht so eine Ehe, wie meine Eltern sie hatten.
- ☐ Ich weiß nicht, wie man liebt.
- ☐ Gegenüber jemandem, den ich liebe, kann ich nicht nein sagen.
- ☐ Alle verlassen mich.

Wieviel davon klingt ganz nach Ihnen? Vielleicht müssen Sie Ihre Angst vor Liebe und Nähe auflösen.

Wie haben Sie als Kind Liebe erlebt? Drückte sich Liebe in Ihrer Familie durch Kämpfen, Schreien, Weinen, Türenschlagen, Manipulation, Kontrolle, Schweigen oder Rache aus? War das der Fall, dann werden Sie als Erwachsener nach ähnlichen Erfahrungen suchen. Sie werden Menschen finden, die sich dementsprechend verhalten. Wenn Sie als Kind nach Liebe suchten, jedoch nur Schmerz zugefügt bekamen, dann werden Sie als Erwachsener solange Schmerz statt Liebe erfahren, bis Sie sich von Ihrem alten familiären Muster gelöst haben.

1. Wie endete Ihre letzte Beziehung?

____

____

____

____

____

2. Wie endete die Beziehung davor?

____

____

____

____

____

Möglicherweise endeten alle Ihre Beziehungen damit, daß Ihr Partner Sie verließ. Dieses Bedürfnis in Ihnen, verlassen zu werden, könnte von der Scheidung der Eltern herrühren, von einem Todesfall oder daher, daß ein Elternteil sich von Ihnen zurückzog, weil Sie nicht das waren, was er sich von Ihnen erwartete.

Um dieses Muster zu ändern, müssen Sie Ihren Eltern vergeben UND verstehen, daß Sie dieses alte Verhalten nicht zu wiederholen brauchen. So befreien Sie Ihre Eltern und sich selbst.

Bei jedem Muster, das wir ständig wiederholen, besteht ein INNERES BEDÜRFNIS nach einer solchen Wiederholung. Dieses Bedürfnis entspricht einem unserer Glaubenssätze. Gäbe es das Bedürfnis nicht, käme es auch nicht zu dieser ständigen Wiederholung. Selbstkritik durchbricht dieses Muster nicht, sondern wir müssen uns von dem Bedürfnis lösen.

Spiegelarbeit

Gehen Sie zum Spiegel, schauen Sie sich in die Augen und sagen Sie: *»Ich bin bereit, mich von dem Bedürfnis nach Beziehungen zu lösen, die mich nicht fördern und stützen.«*

Sagen Sie das fünfmal; legen Sie bei jeder Wiederholung mehr Bedeutung hinein. Denken Sie dabei an einige Ihrer Beziehungen.

Übung:

Ihre Beziehungen

Beantworten Sie die folgenden Fragen, so gut es geht.

1. Was haben Sie als Kind über die Liebe gelernt?

____

____

____

____

____

2. Hatten Sie je einen Chef, der wie Ihr Vater oder Ihre Mutter war? Wie war er?

____

____

____

____

____

3. Ist Ihr Partner wie Ihr Vater/Ihre Mutter? In welcher Hinsicht?

4. Wie ähneln sie sich?

5. Was müssen Sie vergeben, um dieses Muster zu ändern?

6. Was wünschen Sie sich aufgrund Ihrer neuen Erkenntnisse für Ihre Partnerschaft?

____

____

____

____

____

Ihre alten Gedanken und Glaubenssätze gestalten so lange Ihre Erfahrungen, bis Sie sich von ihnen lösen. Ihre zukünftigen Gedanken kennen Sie noch nicht. Aber Ihr gegenwärtiger Gedanke, der, den Sie jetzt gerade denken, unterliegt voll und ganz Ihrer Kontrolle.

Der Mensch wählt sich seine Gedanken selbst aus. Wenn wir denselben Gedanken gewohnheitsmäßig wieder und wieder denken, ist uns vielleicht gar nicht mehr klar, daß wir ihn uns selbst ausgesucht haben. Und doch haben wir einmal diese Wahl getroffen. Wir können uns weigern, bestimmte Gedanken zu denken. Wie oft haben Sie sich schon geweigert, etwas Positives über sich zu denken? Genauso können Sie sich auch weigern, etwas Negatives über sich zu denken. Dazu ist nur etwas Übung nötig.

Übung:

Liebe und Nähe

Schauen wir uns diese Glaubenssätze einmal genau an. Beantworten Sie jede der folgenden Fragen. Schreiben Sie nach jeder Antwort eine positive Affirmation (in der Gegenwartsform) auf, um den alten Glaubenssatz zu ersetzen.

1. Bin ich es wert, eine intime Beziehung zu haben?

Beispiel:

Nein. Die Leute würden vor mir davonlaufen, wenn sie mich wirklich kennen würden.

Ihr Beispiel:

Affirmations-Beispiel:

Ich bin liebevoll und liebenswert.

Ihre Affirmation:

2. Habe ich Angst davor, zu lieben?

Beispiel:

Ja – ich habe Angst vor der Untreue eines möglichen Partners.

Ihr Beispiel:

Affirmations-Beispiel:

Liebe gibt immer Sicherheit.

Ihre Affirmation:

3. Was ›habe‹ ich von diesem Glaubenssatz?

Beispiel:

Ich halte mein Leben frei von romantischen Ideen.

Ihr Beispiel:

Affirmations-Beispiel:

Es ist ein Gewinn, mein Herz zu öffnen und die Liebe hereinzulassen.

Ihre Affirmation:

4. Was, befürchte ich, könnte geschehen, wenn ich diesen Glauben aufgäbe?

Beispiel:

Man würde mich ausnützen und verletzen.

Ihr Beispiel:

Affirmations-Beispiel:

Es ist ein Gewinn für mich, mein Innerstes mit anderen zu teilen.

Ihre Affirmation:

Übung:

Ihr kritisches Selbst

Kritik zermürbt Ihren Geist, doch es ändert sich nie etwas durch sie. Lob stärkt den Geist und kann positive Veränderungen bewirken. Schreiben Sie zwei Arten auf, wie Sie sich im Bereich Liebe und Nähe kritisieren. Vielleicht sind Sie nicht in der Lage, anderen Menschen zu sagen, wie Sie sich fühlen, oder was Sie brauchen. Vielleicht fürchten Sie sich davor, eine Beziehung einzugehen oder Partner anzuziehen, die Sie verletzen.

Denken Sie dann an eine Situation, wo Sie dieses Verhalten *nicht* an den Tag gelegt haben.

Beispiele:

Ich kritisiere mich dafür, *daß ich mir immer Menschen aussuche, die mir nicht geben können, was ich mir wünsche.*

Ich lobe mich dafür, *daß ich einer Person gesagt habe, daß ich sie mag. Das hat mich erschreckt, aber ich habe es trotzdem getan.*

1. Ich kritisiere mich dafür,

____

____

____

____

Ich lobe mich dafür,

____

____

____

____

2. Ich kritisiere mich dafür,

____

____

____

____

Ich lobe mich dafür,

____

____

____

____

Glückwunsch! Sie haben soeben mit einer weiteren alten Gewohnheit gebrochen! Sie lernen – jetzt in diesem Moment – sich selbst zu loben. Und der Kraftpunkt liegt immer im gegenwärtigen Moment.

Wenn Sie glauben:	**Bejahen Sie:**
Ich fürchte mich davor, abgelehnt zu werden.	*Ich liebe und akzeptiere mich und bin geborgen.*
Liebe ist nie von Dauer.	*Liebe ist ewig.*
Ich fühle mich wie in einer Falle.	*Liebe befreit mich.*
Liebe macht mir Angst.	*Liebe gibt mir Geborgenheit.*
Ich muß alles so machen, wie *sie* wollen.	*Wir sind stets gleichwertige Partner.*
Wenn ich mich um mich selbst kümmere, werden sie mich verlassen.	*Wir alle sorgen für uns selbst.*
Ich kann nicht ich selbst sein.	*Die Menschen lieben mich, wenn ich ich selbst bin.*
Ich bin nicht gut genug.	*Ich bin es wert, geliebt zu werden.*
Ich will nicht so eine Ehe, wie meine Eltern sie hatten.	*Ich löse mich von der Begrenzung durch meine Eltern.*
Ich weiß nicht, wie man liebt.	*Mich selbst und andere zu lieben, wird von Tag zu Tag leichter.*
Gegenüber jemandem, den ich liebe, kann ich nicht nein sagen.	*Mein Partner und ich respektieren die Entscheidungen des anderen.*
Alle verlassen mich.	*Ich erschaffe jetzt eine dauerhafte Liebesbeziehung.*

»Ich gebe mir die Erlaubnis, Liebe und Nähe zu erleben.«

Auf der vorangegangenen Seite finden Sie zu jedem negativen Glaubenssatz aus der Checkliste von Seite 205 die passende Affirmation. Machen Sie diese Affirmationen zu einem festen Bestandteil Ihres Tagesablaufes. Wenden Sie sie häufig im Auto an, bei der Arbeit oder jedesmal, wenn Ihre negativen Glaubenssätze in Ihnen hochsteigen.

Kraftpunkte

1. Wir alle sind für unsere Erfahrungen selbst verantwortlich.
2. Jeder Gedanke, den wir denken, erschafft unsere Zukunft.
3. Uns allen machen schädliche Muster von Groll, Kritik, Schuldgefühlen und Selbsthaß zu schaffen.
4. Das sind nur Gedanken, und Gedanken lassen sich ändern.
5. Es ist notwendig, die Vergangenheit loszulassen, und allen Menschen zu vergeben.
6. Selbst-Achtung und Selbst-Annahme im ›Jetzt‹ sind die Schlüssel zu positiver Veränderung.
7. Der Kraftpunkt liegt immer im gegenwärtigen Augenblick.

Teil 3

IHR
NEUES LEBEN

15
IHR NEUES SELBSTBILD

»Ich sehe mich in einem neuen Licht.«

Zeichnen Sie mit Ihrer nichtdominanten Hand (der Hand, mit der Sie nicht schreiben) ein neues Bild Ihrer selbst. Benutzen Sie Filz- oder Buntstifte. Setzen Sie sich ruhig hin. Schließen Sie die Augen. Atmen Sie ruhig. Konzentrieren Sie sich.

Wer sind Sie?
Warum sind Sie hier?
Was sollen Sie lernen?
Was sollen Sie andere lehren?
Was hat sich verändert?

Ihr Selbst-Porträt:

Was macht mich glücklich?

»Ich erkenne, daß ich selbst die Quelle meines Glücks bin.«

Wir haben nun viele Bereiche unseres Lebens erforscht. Wir haben negative Muster und Glaubenssätze aufgedeckt. Wir haben alten Ballast abgeworfen. Wir fühlen uns freier und leichter. Wir sind offen und bereit, Gutes zu empfangen. Die nächste Frage lautet also: Was würde Sie glücklich machen? Es ist jetzt nicht der Augenblick, über das zu reden, was Sie nicht wollen. Es ist Zeit, darüber zu reden, was Sie in Ihrem Leben *wollen.* Zählen Sie alles auf, das Ihnen in den Sinn kommt. Gehen Sie alle Lebensbereiche durch. Zählen Sie mindestens fünfzig Dinge auf.

1. ______________________________

2. ______________________________

3. ______________________________

4. ______________________________

5. ______________________________

6. ______________________________

7. ______________________________

8. ______________________________

9. ______________________________

10. ______________________________

11. ______________________________

12. ______________________________

13. ______________________________

14. ______________________________

15. ______________________________

16. ______________________________

17. ______________________________

18. ______________________________

19. ______________________________

20. ______________________________

21. ______________________________

22. ______________________________

23. ______________________________

24. ______________________________

25. ______________________________

26. ______________________________

27. ______________________________

28. ______________________________

29. ______________________________

30. ______________________________

31. ______________________________

32. ______________________________

33. ______________________________

34. ______________________________

35. ______________________________

36. ______________________________

37. ______________________________

38. ______________________________

39. ______________________________

40. ______________________________

41. ______________________________

42. ______________________________

43. ______________________________

44. ______________________________

45. ______________________________

46. ______________________________

47. ______________________________

48. ______________________________

49. ______________________________

50. ______________________________

Finden Sie jetzt für jeden der fünfzig Punkte eine positive Affirmation. Seien Sie sich bewußt, daß jeder, der so hart wie Sie daran gearbeitet hat, sich zu verändern, eine wunderbare neue Welt verdient.

1. ______________________________

2. ______________________________

3. ______________________________

4. ______________________________

5. ______________________________

6. ______________________________

7. ______________________________

8. ______________________________

9. ______________________________

10. ______________________________

11. ______________________________

12. ______________________________

13. ______________________________

14. ______________________________

15. ______________________________

16. ______________________________

17. ______

18. ______

19. ______

20. ______

21. ______

22. ______

23. ______

24. ______

25. ______

26. ______

27. ______

28. ______

29. ______

30. ______

31. ______

32. ______

33. ______

34. ______

35. ______________________________

36. ______________________________

37. ______________________________

38. ______________________________

39. ______________________________

40. ______________________________

41. ______________________________

42. ______________________________

43. ______________________________

44. ______________________________

45. ______________________________

46. ______________________________

47. ______________________________

48. ______________________________

49. ______________________________

50. ______________________________

Es ist aufregend, daß es in unserem Leben so viele wunderbare Menschen und Orte gibt. Doch wir müssen uns darüber im klaren sein, daß diese Dinge uns nicht ›glücklich machen‹. Nur *wir selbst* können uns ›glücklich machen‹. Nur wir selbst können die Gedanken denken, die Frieden und Freude erzeugen. Verleihen Sie niemals einer Person oder einer Sache außerhalb Ihrer selbst Macht. Machen Sie sich selbst glücklich, dann wird Ihnen alles Gute in reicher Fülle zufließen.

Spiegelarbeit

Schauen Sie in den Spiegel. Atmen Sie. Lächeln Sie. Sagen Sie: »*Alles auf dieser Liste steht mir zu.*« Atmen Sie. »*Mir steht in meinem Leben alles Gute zu, und ich nehme es an.*« Atmen Sie. »*Ich bin ein liebender, wertvoller Mensch, und ich liebe mich.*« Atmen Sie. »*Alles ist gut in meiner Welt.*«

Ihre neue Geschichte

»Ich sehe mich in einem neuen Licht.«

Sie haben jetzt eine Liste mit allem erstellt, was Sie gerne in Ihrem Leben hätten – Menschen, Orte und Dinge, die zu Ihrem Glück beitragen könnten. Machen Sie daraus eine Geschichte. Schreiben Sie so viel oder so wenig, wie Sie möchten.

Ich, ______________________, habe jetzt ein wundervolles Leben …

____

____

____

____

____

____

____

____

____

____

____

____

____

Visualisierung

Jetzt haben Sie Ihre neue Geschichte geschrieben. Visualisieren Sie, wie Sie in dieser Geschichte leben. Wie fühlen Sie sich dabei? Wie sehen Sie aus, wenn Sie älter werden? Sehen Sie Ihre harmonischen Beziehungen. Atmen Sie Ihre neu entdeckte Freiheit und Ihr neues Glück ein.

Entspannung und Meditation

Entspannung ist für den Heilungsprozeß unverzichtbar. Es ist schwer, die Heilungsenergie in uns fließen zu lassen, wenn wir angespannt und ängstlich sind. Dr. Bernie Siegel schreibt: »Wie wohltuend Meditation auf den Körper wirkt, ist bestens dokumentiert. Sie senkt und normalisiert Blutdruck, Puls und die Konzentration von Streßhormonen im Blut. Die Vorzüge der Meditation vervielfachen sich, wenn sie mit regelmäßiger Körperertüchtigung kombiniert wird. Kurz gesagt, Meditation verringert die Belastung und den Verschleiß von Körper und Geist und hilft den Menschen, besser und länger zu leben.«

Um den Körper zu lockern und zu entspannen, braucht man nur ein, zwei kurze Augenblicke. Sie können jederzeit die Augen schließen, zwei- oder dreimal tief durchatmen und alle inneren Spannungen loslassen. Wenn Sie mehr Zeit zur Verfügung haben, setzen oder legen Sie sich ruhig hin und suggerieren Ihrem Körper völlige Entspannung. Sagen Sie leise zu sich selbst: »Meine Zehen entspannen sich jetzt, meine Füße entspannen sich jetzt, meine Knöchel entspannen sich«, usw., bis Ihr ganzer Körper entspannt ist, wobei Sie statt an den Füßen natürlich auch oben am Kopf beginnen können.

Am Ende dieser einfachen Übung werden Sie sich für eine Weile ruhig und friedvoll fühlen. Wenn Sie sie häufig wiederholen, kann das bewirken, daß Sie sich fast ständig in einem Zustand inneren Friedens befinden. Diese sehr positive Körpermeditation können Sie fast überall praktizieren.

In unserer Gesellschaft gilt Meditation als etwas Mysteriöses und Schwieriges. Doch sie ist eine der ältesten und einfachsten Tätigkeiten. Natürlich können wir sie durch spezielle Atemtechniken und Mantras komplizieren. Solche Meditationen sind sehr schön für fortgeschrittene Schüler. Aber wir alle können meditieren, jetzt sofort; es ist ganz leicht.

Wir müssen uns dazu lediglich still hinsetzen oder -legen, die Augen schließen und ein paarmal tief durchatmen. Dadurch entspannt sich der Körper automatisch, ohne daß wir ihn dazu zwingen müßten. Wir können dabei die Worte ›Heilung‹, ›Frieden‹ oder ›Liebe‹ wiederholen, oder jedes andere Wort, das uns wichtig ist. Wir könnten sogar sagen:

»Ich liebe mich.« Wir können leise fragen: »Was muß ich wissen?« Oder: »Ich bin bereit zu lernen.« Seien Sie dann ganz einfach still gegenwärtig.

Die Antworten werden sich sofort einstellen, vielleicht aber auch erst ein oder zwei Tage später. Setzen Sie sich nicht unter Zeitdruck. Lassen Sie die Dinge einfach geschehen. Vergessen Sie nicht, daß es für das Bewußtsein natürlich ist, zu denken; es wird Ihnen nie gelingen, sich völlig von störenden Gedanken während der Meditation zu befreien. Lassen Sie sie einfach frei fließen. Vielleicht fällt Ihnen plötzlich auf: »Oh, jetzt habe ich Angst-Gedanken oder Wut-Gedanken oder Katastrophen-Gedanken oder was auch immer.« Messen Sie diesen Gedanken keine Bedeutung bei; lassen Sie sie vorbeiziehen wie Wolken am Sommerhimmel.

Manche Leute sagen, daß es die Qualität der Meditation verbessert, wenn man mit nicht überkreuzten Armen und Beinen und geradem Rücken sitzt. Das mag sein. Wenn Sie können, tun Sie es. Vor allem kommt es darauf an, daß Sie regelmäßig meditieren. Mit zunehmender Übung erhöht sich die Wirksamkeit der Meditation: Je regelmäßiger Sie es tun, desto besser sprechen Ihr Körper und Ihr Geist auf die Entspannung an, und desto rascher erhalten Sie Ihre Antworten.

Eine andere einfache Meditationsmethode besteht darin, daß Sie einfach mit geschlossenen Augen still dasitzen und dabei Ihre Atemzüge zählen. Zählen Sie eins beim einatmen, zwei beim Ausatmen, drei beim Einatmen und so weiter, von eins bis zehn. Nach dem Ausatmen auf zehn beginnen Sie wieder bei eins. Wenn Ihre Aufmerksamkeit abgleitet, und Sie plötzlich merken, daß Sie bereits bei achtzehn oder dreißig angekommen sind, gehen Sie einfach sanft zur Eins zurück. Wenn Ihnen Gedanken an Ihren Arzt, Ihren Beruf oder an Ihre Einkaufsliste in die Quere kommen, kehren Sie wieder zur Zahl Eins zurück.

Sie können beim Meditieren nichts falsch machen, wo auch immer Sie beginnen. Es gibt Bücher, in denen verschiedene Methoden gelehrt werden. Sie können einen Kurs besuchen und so die Erfahrung machen, gemeinsam mit anderen zu meditieren. Fangen Sie einfach auf irgendeine Art an, und machen Sie es sich dann zu einer festen Gewohnheit.

Wenn Meditation neu für Sie ist, schlage ich vor, daß Sie mit einer Dauer von fünf Minuten beginnen. Leute, die gleich mit zwanzig oder dreißig Minuten anfangen, langweilen sich dann möglicherweise und werfen enttäuscht das Handtuch. Fünf Minuten, ein- oder zweimal täglich, genügen für den Anfang. Wenn Sie Ihre Meditation immer um die gleiche Zeit praktizieren, beginnt Ihr Körper, sich regelrecht darauf zu freuen. Meditationen verhelfen Ihnen zu kleinen Ruhepausen, die sich günstig auf die Heilung Ihrer Emotionen und Ihres Körpers auswirken.

In jedem von uns gibt es eine enorme Weisheit. In uns sind die Antworten auf alle Fragen, die wir je stellen werden. Sie haben gar keine Vorstellung, wie weise Sie sind. Sie können für sich selbst sorgen. Sie verfügen über alle Antworten, die Sie brauchen. Stellen Sie den Kontakt her. Sie werden sich sicherer und stärker fühlen.

Meine Unterstützung ist immer bei Ihnen. Ich liebe Sie.

Abschluß-Behandlung

Die Vergangenheit ist tot und vorbei. Sie ist in dem Nichts verschwunden, aus dem sie gekommen ist. Ich bin frei. Ich habe ein neues Gefühl des Stolzes und des Selbst-Wertes. Ich vertraue auf meine neuen Fähigkeiten, zu lieben und mich selbst zu tragen. Ich habe gelernt, daß ich fähig zu Veränderung und positivem Wachstum bin. Ich bin stark. Ich bin verbunden mit allem Leben. Ich bin eins mit der Universalen Kraft und Intelligenz. Göttliche Weisheit führt mich und lenkt jeden Schritt meines Weges. Ich bewege mich auf mein höchstes Gutes zu und bin dabei sicher und geborgen. Ich tue dies mit Leichtigkeit und Freude. Ich bin ein neuer Mensch und lebe in einer Welt meiner Wahl. Ich bin zutiefst dankbar für alles, was ich habe, und alles, was ich bin. Ich bin in jeder Hinsicht gesegnet und wohlhabend. In meiner Welt ist alles gut.

HEYNE BÜCHER

Louise L. Hay

Gesundheit für Körper und Seele – »Nur wer sich selbst akzeptiert und liebt, kann gesund werden und anderen Gesundheit bringen.« Louise L. Hay

08/9542

Außerdem lieferbar:

Das Körper- und Seele-Programm
Ein Arbeitsbuch zur mentalen Heilung
08/9588

Umkehr zur Liebe, Rückkehr zum Leben
Ein Buch zur Selbsthilfe
08/9613

Wilhelm Heyne Verlag
München

Weitere Bücher von LOUISE L. HAY

NEU

HERZENSGEDANKEN
Ein Schatz Innerer Weisheit

ISBN 3-925898-08-5
234 Seiten
Lieferbar ab Sommer 1991

Hast du Probleme mit Karriere, Intimität, Gesundheit, Geld, Furcht, Abhängigkeiten . . . oder gibt es irgendetwas anderes, was dir in deinem Alltag Schwierigkeiten macht?

Louise L. Hay hat sorgfältig ihre liebsten Lösungsvorschläge, Meditationen und Affirmationen in diesem Buch HERZENSGEDANKEN zusammengestellt, um dir zu helfen, die Probleme, die dich bedrücken, anzusprechen und zu lernen, von ihnen loszulassen. Beim Lesen wirst du die Freude, die Ruhe und die Liebe spüren, die von jedem Wort, jedem Gedanken und jedem Ausdruck von Louise Hay ausstrahlt.

19. Auflage: 82. – 101. Tausend

Heile Deinen Körper
In der erweiterten Neuausgabe 1989 mit über 200 neuen Einträgen gibt uns Louise L. Hay ein Nachschlagewerk in die Hand, mögliche seelisch-geistige Ursachen für körperliche Erkrankungen zu erkennen. Das umfangreiche Wirbelsäulenschema im Anhang, mit vielen interessanten Querverbindungen, ist zusätzlich eine wirkliche Bereicherung, da heute so viele Menschen unter Rückenproblemen leiden.

ISBN 3-925898-04-2
53 Seiten • DM 12,80

Liebe Deinen Körper
enthält 51 positive Affirmations-Behandlungen, die helfen sollen, einen positiven schönen und gesunden Körper aufzubauen. Wenn dich irgendetwas an deinem Körper stört, dann übe täglich die entsprechenden Affirmationen, bis du positive Ergebnisse feststellen kannst. Je eine Seite des Buches ist für dich freigelassen, damit du deine eigenen Gedanken und Affirmationen einträgst.

ISBN 3-925898-06-9
112 Seiten • DM 16,80

Umkehr zur Liebe, Rückkehr zum Leben – *Das AIDS-Buch*
basiert auf den Erfahrungen, die Louise L. Hay mit ihrer Selbsthilfegruppe für AIDS-Erkrankte und deren Angehörige gewonnen hat. Das Buch ist eine stilistisch ansprechende Mischung aus Psychologie, Selbstheilung, Religion, Medizin und ganzheitlichen Affirmationen. In sachlichem Stil bietet sie dem Betroffenen einen Weg an, mit Hilfe einer starken, positiven Einstellung seine Lebenserwartungen zu steigern. Auch wenn immer wieder speziell der AIDS-Kranke angesprochen ist, werden auch Menschen mit anderen lebensbedrohenden Krankheiten wie Krebs, Herzerkrankungen und Diabetes etc. Hilfe aus vielen Abschnitten dieses Buches erfahren können. Ein Buch zur Selbsthilfe.

ISBN 3-925898-05-0
260 Seiten • DM 29,80

Alle Titel erhältlich in Ihrer Buchhandlung

Verlag Alf Lüchow • Postfach 1751 • 7800 Freiburg

HEYNE BÜCHER

Positive Gedanken für jeden Tag

»Jeder Gedanke der Dankbarkeit bringt die Menschen ein Stück näher zu Gott.« Norman Vincent Peale

08/9569

Außerdem lieferbar:

Norman Vincent Peale
Die Macht der Inspiration
Botschaften für ein erfülltes Leben
08/9544

Der Plus-Faktor
Unsere Lebenschance jeden Tag neu entdecken
08/9593

Joseph Murphy
Tele-Psi
Die Macht Ihrer Gedanken
08/9526

Die Kraft schöpferischen Denkens
08/9555

Prentice Mulford
Meisterschaft des Lebens
08/9590

Hans Christian Meiser (Hrsg.)
Positive Gedanken
Meditation als Weg
08/9903

Wilhelm Heyne Verlag
München

HEYNE BÜCHER

Heilgeheimnisse der Natur

08/9606

Außerdem erschienen:

Lanetta Gregory /
Geoffrey Treissman
Aura-Handbuch
Die menschliche Aura erkennen, verstehen und zur Heilung nutzen
08/9554

Greg Nielsen
Pendel und Energiekörper
Neue Methoden zur Befragung des Pendels und ihre Anwendung im täglichen Leben
08/9598

Johannes Walter
Chakra-Erfahrung
durch Symbole, Visualisierung, Meditation, Naturerleben, Körperwahrnehmung, Atmen und Mudras
08/9628

Wilhelm Heyne Verlag
München